**BUR**

Carlo Goldoni nella BUR

IL CAMPIELLO

LA LOCANDIERA

LE BARUFFE CHIOZZOTTE

IL VENTAGLIO

ARLECCHINO SERVITORE DI DUE PADRONI

TRILOGIA DELLA VILLEGGIATURA

Carlo Goldoni

# La bottega del caffè

*introduzione di* LUIGI LUNARI
*cronologia, premessa al testo, bibliografia*
*e note di* CARLO PEDRETTI

Biblioteca Universale Rizzoli
MILANO 1984

Proprietà letteraria riservata
© 1984 Rizzoli Editore, Milano

ISBN 88-17-12477-X


*prima edizione: maggio 1984*

# CRONOLOGIA DELLA VITA E DELLE OPERE DI CARLO GOLDONI

*1707, 25 febbraio* Carlo Goldoni nasce a Venezia da Giulio Goldoni, veneziano di nascita ma di origine modenese, e da Margherita Salvioni. Il padre Giulio, carattere irrequieto, peregrina per varie città dell'Italia settentrionale e centrale nell'esercizio della sua professione di medico, tardivamente abbracciata e detestatissima, mentre la famiglia rimane a Venezia. Ancor bambino Carlo si sente attratto dal teatro. All'età di otto o nove anni scrive una commedia.

*1716-1720* A Perugia, dove il padre svolge la propria attività, compie gli studi nel collegio dei Gesuiti.

Ha modo di recitare come personaggio femminile nella *Sorellina di don Pilone* del Gigli, rappresentata in una sala del palazzo Antinori, clienti e protettori di Giulio.

*1720-1721* A Rimini, presso i Domenicani, inizia gli studi superiori di filosofia scolastica. Trova la materia eccessivamente arida e, disgustato, si aggrega ad una compagnia di comici e scappa a Chioggia presso la madre.

*1721-1722* Il padre pensa allora di farne un medico, ma il giovane non dimostra nessuna attitudine per la medicina. Decide perciò di indirizzarlo alla carriera legale (il nonno, del resto, era stato notaio). È così che Goldoni fa pratica presso l'avvocato veneziano Giampaolo Indrich, suo zio.

*1723-1725* Accolto presso il Collegio Ghislieri, segue i

corsi di giurisprudenza all'Università di Pavia. Viene successivamente espulso a causa di una pungente satira scritta contro le fanciulle delle più nobili famiglie della città.

*1725-1727* Raggiunge il padre a Chioggia e lo segue nelle sue peregrinazioni per il Veneto, toccando perfino Lubiana e Graz. Prosegue sempre più fiaccamente gli studi di legge a Udine. A Vipacco si improvvisa regista della *bambocciata* del Martello *Lo starnuto di Ercole*.

*1728-1729* È *coadiutore aggiunto* presso la Cancelleria Criminale di Chioggia. Gli impegni connessi con il nuovo lavoro lo portano anche a Modena e a Feltre.

*1729-1730* Inizia l'attività di scrittore comico con due intermezzi: *Il buon padre* e *La cantatrice*.

*1731-1732* A Bagnacavallo muore improvvisamente il padre. Carlo riprende gli studi legali e si laurea in legge a Padova. Esercita a Venezia la professione di avvocato. Per sfuggire ai creditori e per evitare un matrimonio non voluto fugge dalla città, portando con sé il manoscritto dell'*Amalasunta*, una tragedia che più tardi dà alle fiamme.

*1733-1734* Si stabilisce a Milano. Qui diventa *gentiluomo di camera* e segretario del Residente veneto. Goldoni lo segue a Crema, ma, in seguito ad un dissenso con lui, si licenzia e torna a Milano, dove si occupa di rappresentazioni teatrali; scrive l'intermezzo *Il gondoliere veneziano* e la tragicommedia *Belisario*. A Verona conosce l'impresario Grimani e il capocomico Giuseppe Imer, per il quale scrive un nuovo intermezzo, *La pupilla*; lo segue a Venezia — dove, al San Samuele, riscuote successo il *Belisario* (25 novembre 1734) — e a Genova.

*1735* Si incontra con Vivaldi.

*1736* A Genova conosce e sposa Nicoletta Connio, figlia

di un ricco notaio, la sola che riuscirà a portare una nota di ordine in una vita tanto irregolare.

*1737* È direttore del teatro San Giovanni Crisostomo, di proprietà del Grimani, incarico che ricoprirà fino al 1741.

*1738-1739* Scrive *Momolo cortesan*. Si tratta di un canovaccio da commedia dell'arte che presenta, però, la parte del protagonista interamente scritta. Questa commedia segna dunque l'inizio della riforma del teatro. Tra vecchio e nuovo seguono *Il prodigo* e *La bancarotta*.
   È nominato console della Repubblica di Genova a Venezia. Regolarmente, ogni settimana, Goldoni spedisce una relazione circostanziata su ciò che si dice e si pensa nella sua città. L'attività diplomatica, se non gli procura oggettivi vantaggi, è una ulteriore esperienza di vita che contribuisce ad arricchire la sua umanità e personalità.

*1743* Attende alla *Donna di garbo*, che, però, verrà rappresentata solo nel 1747. Pur trattandosi di una novità — è la prima commedia scritta per intero — essa risulta legata più di altre agli schemi consueti della commedia dell'arte.
   Perseguitato dai creditori fugge da Venezia e si reca a Bologna e poi a Rimini, dove si aggrega ad una compagnia di comici al servizio degli Spagnoli che combattono in Romagna nella guerra di successione austriaca.

*1744* Soggiorna in Toscana. A Firenze ha modo di incontrarsi coi maggiori esponenti della cultura del tempo, quali il Gori, il Lami, il Cocchi ed il Rucellai.

*1745* A Pisa riprende con successo la professione di avvocato. La buona accoglienza e la tranquillità dell'ambiente pisano — in questo periodo entra in Arcadia con lo pseudonimo di Polisseno Fegejo — costituiscono un'ottima occasione per approfondire la conoscenza della tradizione linguistica, teatrale e letteraria.

A quest'epoca risalgono *Tonin bella grazia, Il figlio di Arlecchino perduto e ritrovato, Il servitore di due padroni.*

*1747* A Livorno viene rappresentata la *Donna di garbo*. Il capocomico Girolamo Medebach induce Goldoni a diventare suo poeta per il teatro Sant'Angelo di Venezia.

*1748, 26 dicembre* Prima recita della *Vedova scaltra*. Il commediografo inizia il periodo più fecondo della sua vita, nell'impegno costante di vedere trionfare la riforma del teatro.

*1749-1750* Scrive *La putta onorata, La bona muger, Il cavaliere e la dama*. Dopo la caduta dell'*Erede fortunata* promette solennemente di presentare commedie tutte nuove per il nuovo anno.

*1750, 2 maggio La bottega del caffè* viene rappresentata in Mantova incontrandovi subito il favore del pubblico. Essa fa parte del gruppo delle sedici commedie tutte nuove, che, mantenendo la parola, Goldoni scrive per la stagione 1750-1751.

*1750-1751* Mantiene la parola e fa recitare sedici commedie nuove, riscuotendo un grandissimo successo. Tra queste si devono ricordare: *Il teatro comico, La bottega del caffè, Il bugiardo, Pamela, Pettegolezzi delle donne.*
Nasce la rivalità con l'abate Pietro Chiari, poeta del San Samuele. Il pubblico di Venezia si divide tra goldonisti e chiaristi, mentre il governo reagisce con l'instaurazione della censura teatrale.

*1752, 26 dicembre* Recita della *Locandiera* (secondo l'indicazione contenuta nei *Mémoires*).

*1753-1762* Goldoni passa al teatro San Luca, appartenente alla famiglia Vendramin. Il rivale Chiari è assunto al Sant'Angelo. Scoppiano nuove polemiche ed il favore fino a quel momento goduto sembra abbandonarlo. Per venire incontro ai gusti mutati si adatta ad intrecci esotici e romanzeschi, pur non tralasciando la commedia di carattere (cfr. *Il campiello*, del 1756). Nasce così la trilogia costituita da *Sposa persiana, Ircana in Jalfa, Ircana in Ispahan*. Alle critiche degli spettatori si aggiungono quelle dell'Accademia dei Granelleschi e dello stesso Carlo Gozzi.

*1754* Grande successo del *Filosofo di campagna*, con musica del Galuppi, rappresentato al San Samuele, e delle *Massère*, in versi martelliani ed in dialetto, recitata al San Luca.

*1755-1759* Ai teatri veneziani Goldoni alterna per breve periodo quelli di altre città d'Italia: Bologna, Parma (il duca gli concede la patente di *poeta* ed una pensione), Roma.

*1759-1762* Ritorna al teatro San Luca. Sono gli anni della piena maturità (*Gli innamorati, I rusteghi, Un curioso accidente, La casa nova, Sior Todero brontolon, Le baruffe chiozzotte*).

Il clima veneziano, comunque, continua ad essere ostile, specialmente per la maligna critica del Gozzi che, nel 1761, porta sulla scena del San Samuele la propria polemica con la fortunatissima fiaba *L'amore delle tre melarance*, in cui sono satireggiati contemporaneamente il Chiari ed il Goldoni.

*1760* Tramite l'Albergati riceve da Voltaire alcuni versi di elogio (*Aux critiques, aux rivaux / la Nature a dit sans feinte: / «Tout auteur a ses défauts / mais ce Goldoni m'a peinte»*). Il commediografo veneziano adatta ai gusti ed agli umori italiani *Le café ou l'Ecossaise* dello stesso Voltaire, opera che s'ispira evidentemente alla goldoniana *Bottega del caffè*.

*1761* Al San Luca è rappresentata la trilogia della *Villeggiatura*.

*1762* Dopo la rappresentazione, il 23 febbraio, di *Una delle ultime sere di Carnevale*, Goldoni, che era stato invitato dal *Théâtre Italien*, parte per Parigi. Qui, se da un lato la vita socievole e raffinata e l'accoglienza degli intellettuali destano le sue simpatie, d'altro lato ben difficile si presenta la direzione della *Comédie Italienne*, a causa della riluttanza degli attori nei confronti della riforma. D'altronde il pubblico è ancora legato alla vecchia commedia dell'arte. Goldoni deve perciò ricominciare tutto da capo: prima compone semplici canovacci in cui compaiono le maschere, poi recupera la commedia di caratteri interamente scritta.

*1763* Cura rappresentazioni «a soggetto» quali *Les amours d'Arlequin et de Camille, La jalousie d'Arlequin, Les inquiétudes d'Arlequin*.

*1764, 15 aprile* Il Baretti scrive sulla sua «Frusta letteraria» un articolo stroncante nei confronti della *Bottega del caffè*. Non per questo diminuisce la buona accoglienza del pubblico per le opere di Goldoni. Ne è prova, in questo stesso anno, *Camille aubergiste*, rifacimento francese della *Locandiera*.

*1765* A Venezia viene recitato *Il ventaglio*, commedia ricavata da un canovaccio apprestato per le scene di Parigi.

*1765-1769* Scade l'impegno con la *Comédie*. Diventa maestro di italiano della principessa Adelaide, primogenita di Luigi XV. Pur vivendo alla Corte di Versailles, però, Goldoni non riesce a diventare un vero e proprio cortigiano: il suo carattere glielo impedisce.

*1769* Ritorna a Parigi dopo che il re gli ha accordato una modesta pensione annua.

*1771* Alla *Comédie Italienne* viene recitato il *Bourru bienfaisant*, opera che riesce apprezzatissima.

*1775-1780* Nuovo soggiorno a Versailles, con l'incarico di maestro di italiano delle sorelle di Luigi XVI.

*1776* Viene rappresentato con scarso successo l'*Avare fastueux*.

*1780* Ritorna definitivamente a Parigi.

*1783* Date le ristrettezze economiche (il modestissimo onorario accordatogli dalla Corte non basta certo alle sue necessità) si getta in imprese editoriali che non tardano però a fallire (ad es. un «Giornale di corrispondenza italiana e francese»).

*1784-1787* Scrive i *Mémoires pour servir à l'histoire de sa vie et à celle de son théâtre*. Nello stendere le sue memorie Goldoni prova molto piacere; l'opera è stampata presso l'editore Duchesne.

In questo periodo riceve numerose visite da parte di Vittorio Alfieri.

*1791* Traduce liberamente l'*Histoire de Miss Jenny*, di M.me Riccoboni, e la fa stampare a Venezia.

*1792* Il provvedimento dell'Assemblea Legislativa che abolisce le pensioni concesse dal sovrano viene a colpire Goldoni, che si vede privato dell'unica sicura entrata di cui ormai poteva disporre.

*1793, 6 (o 7) febbraio* Muore a Parigi. Per ironia della sorte proprio il giorno prima Joseph-Marie Chénier, fratello di André, aveva perorato con successo la sua causa davanti alla Convenzione.

# INTRODUZIONE

Scritta nell'aprile del 1750 e rappresentata per la prima volta a Mantova il 2 maggio dello stesso anno, *La bottega del caffè* appartiene all'anno celeberrimo delle «sedici commedie nuove». Carlo Goldoni ha quarantatré anni; la sua insopprimibile vocazione teatrale (quella che egli definisce «la invincibil forza del Genio mio pel Teatro»)[1] si è definitivamente affermata soltanto tre anni prima, dopo alterne vicende, quando il capocomico Girolamo Medebach gli rende visita a Pisa, proponendogli di entrare a far parte della propria compagnia, che sta per assumere la gestione del teatro Sant'Angelo di Venezia, in qualità di «Poeta» ovvero di autore stabile. Goldoni, che nel 1745 aveva lasciato «definitivamente» il teatro per dedicarsi all'avvocatura nella città toscana, accetta subito; sei mesi dopo — aprile del 1748 — raggiunge il Medebach a Mantova, dove gli consegna due commedie nuove (una è forse *L'uomo prudente*), lo precede poi a Modena, dove gli consegnerà una terza commedia nuova (verosimilmente *La vedova scaltra*), e ritorna finalmente a Venezia nel settembre dello stesso anno.

Goldoni manca dalla sua città dal 1743, e si stabilisce

---

[1] Cfr. Prefazione dell'autore alla prima raccolta delle commedie, scritta per l'edizione del Bettinelli. In C. Goldoni, *Tutte le Opere*, a cura di Giuseppe Ortolani, vol. I, p. 763, Milano, Mondadori, 1935.

con la moglie in casa della madre, nelle vicinanza di San Marco, in Corte San Zorzi. La compagnia di Girolamo Medebach — della quale fanno parte tra gli altri la moglie del Medebach, Teodora Raffi, il celebre Pantalone Cesare Darbes, l'ottimo Brighella Giuseppe Marliani — si installa al Sant'Angelo. Di proprietà del Senatore Condulmer, il Sant'Angelo è uno dei tre teatri veneziani,[2] gli altri due essendo il San Samuele e il San Luca; è di media grandezza, che all'ottimismo del Goldoni appare subito come ideale: non troppo grande da affaticare gli attori, abbastanza capiente da permettere buoni incassi.[3] La compagnia debutta nell'autunno, non si sa con quale opera, si mette in luce poi con una tragedia in versi del Goldoni — *Griselda* — che il Goldoni stesso dichiara però «non del tutto *sua*»,[4] ripropone poi il *Tonin Bellagrazia* (ovvero *Il frappatore*) che Goldoni aveva scritto nel 1745 per Cesare Darbes, al quale seguono con crescente successo *L'uomo prudente* e *I due gemelli veneziani*; e si afferma definitivamente con il grande successo della *Vedova scaltra*, che il 26 dicembre del 1748 inaugura la cosiddetta stagione di carnevale,[5] protagonista Teodora Medebach. Alla fine della stagione (dopo la presentazione di un'altra commedia nuova: *La putta onorata*) il Medebach conferma al Goldoni l'incarico di poeta di compagnia, per quattro anni «principiati il primo dì della corrente quaresima 19 Febbraio, e termineranno l'ultimo giorno di Carnovale

---

[2] Sono questi i teatri che ospitano drammi e commedie in prosa o in versi. In quegli anni il Teatro di San Giovanni Crisostomo ospitava drammi seri in musica, il San Cassiano e il San Moisè i drammi giocosi.

[3] *Mémoires*, Pt. II cap. I.

[4] *Mémoires*, Pt. I cap. LII.

[5] La stagione d'autunno andava dal primo lunedì d'ottobre al 15 dicembre, quella di carnevale dal 26 dicembre all'ultimo giorno di carnevale. Il primo giorno di quaresima era l'inizio del nuovo anno teatrale, secondo un uso che si è protratto in Italia fino alle soglie della seconda guerra mondiale. Si veda, per un'amena e istruttiva lettura S. Tofano, *Il teatro all'antica italiana*, pp. 40 sgg., Milano, Rizzoli, 1965.

dell'anno 1753»,[6] con l'obbligo di scrivere otto commedie e due opere per musica all'anno, per la somma di quattrocentocinquanta ducati.

Per il suo primo anno d'impegno il Goldoni scrive *Il cavaliere e la dama, La buona moglie, L'Avvocato veneziano*, rappresentate a Venezia nella stagione d'autunno; *Il padre di famiglia, La famiglia dell'antiquario*, e *L'erede fortunata* — per la stagione di carnevale — oltre ad un *Pantalone imprudente* (mai rappresentato) e a tre scenari che non ci sono pervenuti. È nell'ottobre del 1749 che si accende la prima delle polemiche attorno all'opera del Goldoni: protagonista l'Abate bresciano Pietro Chiari, poeta di compagnia del San Samuele, espressione di una vecchia drammaturgia enfatica e romanzesca, autore in quell'anno di un *Avventuriero alla moda*, peraltro clamorosamente caduto. Con un atteggiamento abbastanza tipico di chi cerca pubblicità pigliandosela con i più grandi di lui, l'abate Chiari se la prese con la *Vedova scaltra* abborracciando per il San Samuele una *Scuola delle vedove* sulla falsariga dell'opera goldoniana, probabilmente nello stile dei rifacimenti e delle parodie con cui i concorrenti — più che «nemici» — di Molière tentavano approfittare del successo delle *Preziose* e degli altri capolavori del grande autore. Il Goldoni rispose con un *Prologo apologetico*,[7] che fece stampare e circolare *brevi manu*, e nel quale degnava di fin troppo onore le pretestuose critiche del Chiari, che rimproverava alla *Vedova scaltra* l'inverosimiglianza dei tre pretendenti che parlano toscano, del fatto che nessuno dei tre riconosca la Vedova quando

[6] Il testo dell'impegno, datato 10 marzo 1749, è pubblicato dal Goldoni nella nota de «L'Autore a chi legge» premessa alla *Donna vendicativa*, ultima commedia da lui scritta per il Medebach. V. C. Goldoni, *op. cit.*, vol. IV, p. 1006.

[7] Vedilo pubblicato in calce alla *Vedova Scaltra*, in C. Goldoni, *op. cit.*, vol. II, pp. 409-414. Si tratta di un dialogo tra Prudenzio, «Riformator de' Teatri», e Polisseno, «Poeta», nei quali si celano rispettivamente Girolamo Medebach e il Goldoni, del quale Polisseno era il nome in Arcadia.

essa si traveste, spacciandosi ora per inglese, ora per francese, ora per spagnola, del fatto che neppure il pretendente italiano ne riconosca la voce, del fatto che essa ricorra allo stratagemma del travestimento — evento cruciale della commedia — per i consigli «di una serva pettegola e di una scimunita cognata».

Il risultato più cospicuo di questo *Prologo apologetico* fu il fatto che il Governo della Serenissima si sentì in dovere di intervenire, istituendo una censura preventiva sulle commedie, ed affidandone l'esercizio al Tribunale contro la Bestemmia: un risultato che non doveva essere del tutto imprevedibile agli occhi dell'*avvocato* Goldoni, e che potrebbe anche dirci qualcosa sul suo stile di comportamento in certi casi.[8] La polemica non fu dunque importante in sé — se non altro per l'inadeguatezza dell'avversario — quanto perché, alimentata dalla cabala che soffiava sugli antagonismi tra i vari teatri, sottolinea già il relativo clamore che l'opera del Goldoni suscitava. Per quanto tradizionali ci possano apparire questi suoi primi esperimenti teatrali, bastavano già il concetto nuovo di «carattere», la ricerca del verosimile, quel maggior rigore richiesto alle maschere, e un po' più di indipendenza nei riguardi delle convenzioni drammaturgiche, per fare del

[8] Nei *Mémoires* (Pt. II cap. V) il Goldoni racconta che a seguito del *Prologo apologetico,* «stampato in tremila esemplari... e distribuito gratis a tutti i Caffè, a tutti i Circoli, alle porte dei teatri, ai miei amici, ai miei protettori, alle mie conoscenze», le rappresentazioni della Scuola delle Vedove furono immediatamente proibite. In realtà, l'autorità proibì la rappresentazione di entrambe le commedie: *Scuola delle vedove* e *Vedova scaltra.* Come è noto, il Goldoni — con implacabile raffinatezza polemica — non nomina mai i suoi nemici né nei *Mémoires* né altrove: si tratta di un'equa risposta a coloro che approfittavano della sua grandezza per un'immeritata pubblicità, quale probabilmente il Chiari, ma è certo un'ingiusta indifferenza e una mistificante punizione per coloro che erano animati da intenzioni più serie e concrete, per quanto antistoriche, quale è certamente Carlo Gozzi. Il citato capitolo dei *Mémoires* si conclude così: «Ove il mio Lettore desiderasse conoscere il nome dell'autore della *Scuola delle vedove*, non sarei in grado di soddisfarlo. Non nominerò mai le persone che hanno avuto l'intenzione di farmi del male».

Goldoni la pietra dello scandalo, il simbolo di un nuovo teatro.[9]

Dopo il successo delle prime commedie che il Goldoni scrisse per il rinnovato impegno con il Medebach, la stagione di carnevale si chiuse con la decisa caduta dell'*Erede fortunata*, composta peraltro un paio d'anni prima ma ora soltanto presentata a Venezia. Per quanto previsto — stando almeno a quanto egli racconta nei *Mémoires*[10] — il Goldoni si risentì dell'insuccesso e del momentaneo trionfo dei suoi detrattori: «piccato da un lato dal cattivo umore del Pubblico... che facilmente dimentica ciò che lo ha divertito, e che non perdona quando si annoia... e dall'altro lato nella presunzione di valere pur sempre qualcosa», il Goldoni scrisse un sonetto che Teodora Medebach recitò al pubblico la sera dell'ultima rappresentazione di carnevale, nel quale — «in cattivi versi, ma in modo chiaro ed esplicito» — si diceva che «l'autore che lavorava per lei e per i suoi compagni si impegnava a scrivere per l'anno seguente sedici commedie nuove».[11] Il Goldoni conclude: «La compagnia da un lato e il pubblico dall'altro mi diedero una prova certa e ben lusinghiera della loro fiducia. Perché gli Attori non esitarono ad impegnarsi sulla mia parola, ed otto giorni dopo tutti i palchi erano già presi in affitto per l'anno seguente. Assumendomi questo impegno io non avevo un solo argomen-

[9] Una notizia significativa, a riprova di quanto si afferma: anche la più banale e infelice tra le commedie del Goldoni di questo periodo — *L'erede fortunata* — bastava ad attirare l'attenzione di Lessing, altro grande fondatore del nuovo teatro borghese, che la lesse nel 1755, e che meditò di rifarla, in una commedia intitolata *La clausola del testamento*, di cui ci rimangono l'argomento e le prime scene. Cfr. E. Maddalena, *Lessing e Goldoni*, in «Giornale storico della letteratura italiana», XLVII (1906) pp. 193-199.

[10] Pt. II cap. VI, al pari delle citazioni che seguono.

[11] In realtà, il sonetto non precisava il numero delle commedie, e ne prometteva «una alla settimana per el manco», ovvero almeno una alla settimana. Tuttavia il Goldoni parla sempre di sedici commedie, e l'impegno dovette subito «quantizzarsi» nel doppio delle commedie previste dal contratto.

to in testa. Tuttavia bisognava mantenerlo, o crepare. I miei amici tremavano, i miei nemici ridevano, io confortavo gli uni e m'infischiavo degli altri. E voi vedrete dai capitoli che seguono come me la sono cavata».

La stagione di ottobre si inaugurò infatti puntualmente con *Il teatro comico*, la commedia-manifesto nella quale Goldoni esponeva i principi della riforma, e nella quale si annunciano i titoli delle altre quindici che altrettanto puntualmente seguiranno: *Le femmine puntigliose, La bottega del caffè, Il bugiardo, L'adulatore, Il poeta fanatico, La Pamela, Il cavaliere di buon gusto, Il giuocatore, Il vero amico, La finta ammalata, La dama prudente, L'incognita, L'avventuriere onorato, La donna volubile, I pettegolezzi delle donne.*[12]

Iniziano in questo modo quei quattordici anni — dal 1748 al 1762 — in cui si colloca la parte di gran lunga maggiore e più significativa dell'opera del Goldoni. In questo periodo, tra il momento del suo primo impegno con il Medebach che lo ricondurrà a Venezia, e il momento in cui lascerà definitivamente la città natale per Parigi, Goldoni scrive novantacinque commedie — dalla *Vedova scaltra* ad *Una delle ultime sere di carnovale* — oltre ad un'adeguata quantità di tragicommedie, scenari, drammi per musica, intermezzi. Ed anche se i maggiori e più maturi capolavori appartengono alla seconda parte di questo lungo periodo, i cinque anni che Goldoni trascorse al Sant'Angelo con la compagnia di Girolamo e Teodora Medebach sono gli anni in cui egli teorizzò e realizzò quella fondamentale «riforma» del teatro italiano ed europeo

---

[12] Val la pena notare che il carattere delle commedie di questo anno cruciale della Riforma preannuncia e in qualche modo riassume l'interna evoluzione goldoniana: dopo la commedia-manifesto del *Teatro comico*, *Le femmine puntigliose* è la più aspra satira che il Goldoni abbia mai scritto contro la nobiltà, e *I pettegolezzi delle donne* — ultima delle sedici — è la prima commedia goldoniana di ambiente popolare. È un dato di fatto che non può essere casuale e che anzi è ricco di significato.

che giustamente — e non ancora abbastanza — va sotto il suo nome.

Abbiamo già illustrato altrove il senso più profondo di questa riforma. Nel momento in cui talune città europee, quali appunto Venezia, vedono una classe borghese artigianale e mercantile affermarsi come terzo stato tra gli estremi del popolino e dell'aristocrazia, Carlo Goldoni è colui che di fatto si assume il compito di «creare» un teatro che rifletta la ideologia, gli interessi, i problemi, la sensibilità della nuova classe. La borghesia, sempre più struttura portante della società, esige ormai un teatro fatto a propria immagine e somiglianza; e questo teatro non può trovarlo né nella commedia dell'arte — avulsa ormai dalle proprie fonti di ispirazione e dalle proprie motivazioni storiche, e decaduta a campionario di lazzi volgari ed assurdi — né nel dramma neoclassico in versi, tutto irto di dèi e di eroi, e intessuto di locuzioni e di tematiche inaccessibili alla vita borghese di tutti i giorni. Goldoni non teorizza in questo senso la propria opera, tuttavia egli costruisce una drammaturgia che risponde di fatto e con assoluta coerenza alle implicite richieste di questo nuovo pubblico; che ne riflette la gnoseologia, l'estetica e l'etica (e cioè le conoscenze, il gusto e la morale), che trova nel *padre di famiglia* il suo eroe positivo, e che illustra e propaganda le costruttive virtù del buon senso, della concretezza, della prudenza, della operosità, e via dicendo: le virtù insomma, aureamente mediocri, della borghesia nella sua fase positiva e progressista. Che il Goldoni non teorizzi in senso classista e sociopolitico la propria azione non dipende tanto dalla prematurità di un'impostazione del genere, quanto piuttosto dal suo stesso carattere, poco incline alla polemica, prudentemente attento a non pestare i piedi di una nobiltà ancora potente e ricca di privilegi, e che comunque preferisce *fare* le cose — foss'anche pestare i piedi — piuttosto che dirle e teorizzarle: il «si fa ma non si dice», maliziosa norma del tardo perbenismo borghese, è già norma di comportamento del Goldoni, ed è quella che — con ogni verosimiglianza — gli garantisce la sopravvivenza e la realizzazione stessa della riforma.

Detto questo, va comunque preso atto che i concetti che paiono muovere il Goldoni della riforma, sono quelli della verosimiglianza degli eventi, della naturalezza e della credibilità dei personaggi, della educativa moralità delle storie narrate, della decenza del linguaggio; al punto che l'appellativo di «riformatore de' Teatri» che egli volentieri si attribuisce sembra alludere ad una semplice opera di pulizia e di polizia: bandire dal teatro la volgarità dell'espressione e dei lazzi, l'assurdità delle situazioni, la stantia convenzionalità delle vicende, l'incredibilità delle psicologie, e via dicendo. Tuttavia, stiamo bene attenti: quello che si cela sotto questa apparente modestia di formulazione è nientemeno che la «verità», l'esigenza di ricondurre e commisurare l'opera drammatica alla realtà dell'uomo, della società, della storia. Quando il Goldoni rivendica l'importanza del «carattere», e ne fa la colonna portante del proprio teatro, egli rimette l'uomo al centro dell'universo teatrale, liberandolo dai meccanicismi della commedia dell'arte in cui non figurava ormai che come automa, ed affrancandolo anche dai cerebralismi verbali del dramma aristocratico nel quale l'uomo era ormai troppo spesso il semplice portatore di una tesi o al più la personificazione di una passione. Il «carattere» altro non è che l'uomo credibile, verificabile, realistico, e così devono essere ovviamente le vicende in cui è coinvolto: e tutto deve essere tratto dall'osservazione del reale, secondo quello stesso metodo che centocinquanta anni prima Galileo e Cartesio hanno formulato per le scienze.

Ma torniamo alle *modeste* formulazioni del Goldoni. Questi primi anni di pratica della Riforma abbondano di scritti teorici: si va dal citato *Prologo apologetico* con cui il Goldoni rispose all'abate Chiari, alla fondamentale prefazione all'edizione del Bettinelli (1750), dalla commedia-manifesto del *Teatro comico*, alle lettere dedicatorie e alle note intitolate *L'autore a chi legge* che egli premise ad ogni singola commedia nei dieci volumi delle proprie opere pubblicati dal Paperini tra il 1753 e il 1757. Prendiamo ad esempio, a conferma di quanto abbiamo affermato, la *Prefazione dell'Autore alla Prima Raccolta delle Commedie* che figura in testa all'edizione del Bettinelli. Qual è la diagnosi che il Goldoni compie del teatro tradizionale, del teatro cioè che egli intende riformare?

Era in fatti corrotto a tal segno da più di un secolo nella nostra Italia il Comico Teatro, che si era reso abominevole oggetto di disprezzo alle Oltramontane Nazioni. Non correvano sulle pubbliche Scene se non sconce Arlecchinate, laidi e scandalosi amoreggiamenti, e motteggi; favole mal inventate, e peggio condotte, senza costume, senza ordine, le quali, anziché correggere il vizio, come pur è il primario, antico e più nobile oggetto della Commedia, lo fomentavano, e riscuotendo le risa dalla ignorante plebe, dalla gioventù scapestrata, e dalle genti più scostumate, noia poi facevano ed ira alle persone dotte e dabbene, le quali se frequentavan talvolta un così cattivo Teatro, e vi erano strascinate dall'ozio, molto ben si guardavano dal condurvi la famigliuola innocente, affinché il cuore non ne fosse guastato...

Il Goldoni poi parla dei tanti che «negli ultimi tempi si sono ingegnati di regolar il Teatro, e di ricondurvi il buon gusto»; ma di tutti i tentativi compiuti (traduzioni e imitazioni dallo spagnolo o dal francese, macchine stupefacenti e magnifiche decorazioni, introduzioni di intermezzi in musica, tragedie e drammi in musica) nessuno valse a creare più che un momentaneo riaccendersi di curiosità. E il Goldoni continua:

Io frattanto ne piangea con me stesso, ma non avea ancora acquistati lumi sufficienti per tentarne il risorgimento. Aveva per verità di quanto in quando osservato, che nelle stesse cattive Commedie eravi qualche cosa ch'eccitava l'applauso comune e l'approvazione de' migliori, e mi accorsi che ciò per lo più accadeva all'occasione d'alcuni gravi ragionamenti ed istruttivi, d'alcun dilicato scherzo, d'un accidente ben collocato, di una qualche viva pennellata, di alcun osservabil carattere, o di una dilicata critica di qualche moderno correggibil costume; ma più di tutto mi accertai che, sopra del meraviglioso, la vince nel cuor dell'uomo il semplice e il naturale.

Ed infine, dopo aver narrato dei propri primi passi di autore, ecco i primi successi, dall'*Uomo di mondo*, al *Prodigo*, alla *Bancarotta*, per le quali egli aveva scritto — facendone un «carattere» — la sola parte del protagonista.

Pensai allora, che se tanto eran riuscite commedie nelle quali era vestito de' suoi convenienti costumi, parole e sali il solo principal Personaggio, lasciati in libertà gli altri di parlare a soggetto, dacché procedeva ch'elle riuscivano ineguali e di pericolosa condotta, pensai, dico, che agevolmente si avrebbe potuto render la Commedia migliore, più sicura e di ancor più felice riuscita, scrivendo la parte di tutti i Personaggi, intraducendovi vari caratteri, e tutti lavorandoli al tornio della Natura e sul gusto del Paese nel quale dovean recitarsi le mie commedie.

Dal che — in conclusione — il suo metodo e il suo programma, in questa celeberrima pagina:

I due libri su' quali ho più meditato, e di cui non mi pentirò mai di essermi servito, furono il *Mondo* e il *Teatro*. Il primo mi mostra tanti e poi tanti vari caratteri di persone, me li dipinge così al naturale, che paion fatti apposta per somministrarmi abbondantissimi argomenti di graziose ed istruttive commedie: mi rappresenta i segni, la forza, gli effetti di tutte le umane passioni; mi provvede di avvenimenti curiosi: m'informa de' correnti costumi: m'istruisce de' vizi e de' difetti che son più comuni del nostro secolo e della nostra Nazione, i quali meritano la disapprovazione o la derisione de' Saggi; e nel tempo stesso mi addita in qualche virtuosa Persona i mezzi coi quali la Virtù a codeste corruttele resiste, ond'io da questo libro raccolgo, rivolgendolo sempre, o meditandovi, in qualunque circostanza od azione della vita mi trovi, quanto è assolutamente necessario che si sappia da chi vuole con qualche lode esercitare questa mia professione. Il secondo poi, cioè il libro del *Teatro*, mentre io lo vo maneggiando, mi fa conoscere con quali colori si debban rappresentar sulle Scene i caratteri, le passioni, gli avvenimenti, che nel libro del Mondo si leggono; come si debba ombreggiarli per dar loro il maggior rilievo, e quali sien quelle tinte, che più li rendon grati agli occhi dilicati degli spettatori. Imparo in somma dal Teatro a distinguere ciò ch'è più atto a far impressione sugli animi, a destar la meraviglia, o il riso, o quel tal dilettevole solletico nell'uman cuore, che nasce principalmente dal trovar nella Commedia che ascoltasi, effigiati al naturale, e posti con buon garbo nel loro punto di vista, i difetti e 'l ridicolo che trovasi in chi continuamente si pratica, in modo però che non urti troppo offendendo.[13]

Abbiamo citato con qualche larghezza queste pagine, del resto fondamentali, non solo per illustrare quella modestia di intenti alla quale abbiamo fatto cenno, ma anche per sottolineare come quella ricerca della verità — che al di là di ogni modesta e prudente affermazione è un programma di valore assoluto e profondamente rivoluzionario — non è affatto incondizionata, e appare anzi limitata o addirittura contraddetta da altre preoccupazioni di natura opportunistica, o moralistica, o didascalica. Quale limite pone, alla ricerca della verità, il concetto di «dilicata critica di qualche moderno correggibil costume»? E che accade quando, per avventura, «i difetti e "il ridicolo" altrui non sia possibile effigiarli "al naturale"... in modo... che non urti troppo offendendo»? Che cosa succede, insomma, nel caso che il Goldoni si trovi di fronte a una realtà sgradevole, ad una verità urtante ed offensiva, ad un costume incorreggibile? Di fatto, il Goldoni conclude la citata *Prefazione* con una frase tratta dalle *Réflexions sur la Poétique* di René Rapin, che sembrerebbe non lasciar dubbi in proposito: «bisogna mettersi bene in capo, che i più grossolani tratti della natura piacciono sempre più che i più delicati fuori del naturale». Tuttavia le affermazioni di cui sopra restano, e vedremo più avanti quali

[13] La «Prefazione» da cui sono tratte queste pagine è pubblicata in C. Goldoni, *op. cit.*, vol. I, pp. 761 sgg.

soluzioni pratiche il Goldoni adotterà nel conflitto tra fedeltà al vero e opportunità pratica.

Lo stesso è a dirsi di quanto compare nel *Teatro comico*, scritto in quello stesso 1750, che il Goldoni — come abbiamo ricordato — pose in testa alle sedici commedie, e che è quasi un'esposizione sceneggiata dei concetti della *Prefazione*. Di trama esile fino all'inconsistenza, *Il teatro comico* racconta una giornata nella vita di una compagnia di attori impegnati nelle prove di una commedia del Goldoni. Orazio — capocomico illuminato, ispirato alla figura stessa di Medebach — non perde occasione per illustrare e ribadire i principi della riforma, avendo come «prima spalla» il poeta Lelio, rappresentante del teatro da riformare. Orazio elogia — con pari diplomazia e buon senso — il teatro greco, il teatro latino, il teatro francese e quello spagnolo; ma i primi due hanno fatto il loro tempo, gli altri due vanno bene per i pubblici dei rispettivi paesi; [14] altrettanto diplomaticamente elogia l'abilità tutta italiana del parlare a soggetto, «con non minore eleganza di quello che potesse fare un poeta scrivendo»; [15] teorizza la prassi di mantenere le maschere nelle commedie di carattere («Guai a noi se facessimo una tal novità!», ma immediatamente aggiunge: «Non è ancora tempo di farla»); [16]

[14] Atto II, scena III.

[15] Atto II, scena X.

[16] Atto II, scena X. Ecco la citazione con maggior ampiezza:

EUGENIO Dalle nostre commedie di carattere non si potrebbero levar le maschere?

ORAZIO Guai a noi, se facessimo una tal novità: non è ancora tempo di farla. In tutte le cose non è da mettersi di fronte contro all'universale. Una volta il popolo andava alla commedia solamente per ridere, e non voleva vedere altro che le maschere in iscena; e se le parti serie facevano un dialogo un poco lungo, s'annoiavano immediatamente: ora si vanno avvezzando a sentir volentieri le parti serie, e godono le parole, e si compiacciono degli accidenti, e gustano la morale, e ridono dei sali e dei frizzi cavati dal serio medesimo, ma vedono volentieri anche le maschere, e non bisogna levarle del tutto, anzi convien cercare di bene allogarle e di sostenerle con merito nel loro carattere ridicolo, anche a fronte del serio più lepido e più grazioso.

lamenta che la commedia abbia preso l'abitudine di «mendicar dalla musica i suffragi per tirar la gente al teatro»;[17] critica l'uso poco verosimile di rivolgersi al pubblico per informarlo dei propri sentimenti,[18] e via dicendo. Ma anche qui, la ricerca del naturale e del verosimile trova comunque un limite nella preoccupazione per la moralità e per l'opportunità. Quando Lelio gli propone una propria commedia dal titolo *Il padre mezzano delle proprie figliuole*, Orazio risponde:

ORAZIO Oimè! cattivo argomento. Quando il protagonista della commedia è di cattivo costume, o deve cambiar carattere contro i buoni precetti, o deve riescire la commedia stessa una scellerataggine.
LELIO Dunque non si hanno a mettere sulla scena i cattivi caratteri, per correggerli e svergognarli?
ORAZIO I cattivi caratteri si mettono in scena, ma non i caratteri scandalosi, come sarebbe questo di un padre che faccia il mezzano delle proprie figliuole. E poi, quando si vuole introdurre un cattivo carattere in una commedia, si mette di fianco, e non di prospetto: che vale a dire, per episodio, in confronto del carattere virtuoso, perché maggiormente si esalti la virtù e si deprima il vizio.[19]

Egualmente, quando Lelio gli propone ancora, in un canovaccio all'antica, la scena in cui «*Rosaura viene in istrada*», Orazio si lancia in un commento in cui verità e convenienza si contraddicono:

Questa enorme improprietà di far venire le donne in istrada, è stata tollerata in Italia per molti anni, con iscapito del nostro decoro. Grazie al cielo l'abbiamo corretta, l'abbiamo abolita, e non si ha più da permettere sul nostro teatro.[20]

[17] Atto II, scena XV.
[18] Atto III, scena II.
[19] Atto I, scena XI. Modernizzo, per comodità del lettore, due delle frasi di Orazio. «Quando il protagonista della commedia è di cattivo costume... deve cambiare carattere sotto lo stimolo dei buoni precetti.» «Quando si vuole introdurre un cattivo carattere in una commedia, se ne fa un carattere di contorno, e non il personaggio principale.»
[20] Atto I, scena XI.

E all'annuncio del solito lazzo — «*Arlecchino, servo del Dottore, viene pian piano e dà una bastonata al padrone*» — la risposta di Orazio è la seguente:

Che il servo bastoni il padrone, è una indegnità. Pur troppo è stato praticato da' comici questo bel lazzo, ma ora non si usa più. Si può dar maggior inezia? Arlecchino bastona il padrone, e il padrone lo soffre, perché è faceto? Signor poeta, se non ha qualche cosa di più moderno, la prego, non s'incomodi più oltre.[21]

Nella quale risposta l'accusa di anticaglieria («Se non ha qualche cosa di più moderno..») si mescola a quella di inverosimiglianza («...il padrone lo soffre, perché è faceto?») e a quella di inopportunità e di sconvenienza («Che il servo bastoni il padrone, è una indegnità»), che però — al pari delle donne in istrada — non si sa se sia un appunto rivolto agli usi del teatro o alla realtà della vita!

Ora, se vogliamo cercar di mettere ordine in questa apparente confusione, e capire «che cosa» realmente voleva il Goldoni, al di là (o al di qua) di quello che oggettivamente si realizza nella sua opera, non possiamo non fare appello ancora una volta alla fondamentale distinzione tra l'uomo e il poeta: da un lato l'avvocato Carlo Goldoni, cittadino veneziano del suo tempo, con tutti i suoi condizionamenti ideologici e pratici, e dall'altro lato il poeta Goldoni, l'autore drammatico, con tutta la sua incorruttibile fedeltà alla verità osservata, incapace di menzogna nell'attimo in scui scrive ciò che vede, incapace di tradire la più intima coerenza dei personaggi e delle situazioni create. Consiste in questa incapacità la superiore oggettività della poesia, che non si lascia traviare non dirò dal sistema neurovegetativo della persona anagrafica, ma neppure dalle sue personali convinzioni ideologiche e morali. Così, per fare un esempio, il «signor» William Shakespeare poteva

[21]*Ibid.*

26

anche condividere il rozzo antisemitismo della pubblica opinione dei suoi tempi, e addirittura decidere di compiacerlo scrivendo il *Mercante di Venezia*; ma non per questo il «poeta» Shakespeare, fedele alla ben più profonda logica del personaggio creato, poté fare a meno di porre sulle labbra dell'ebreo Shylock la più solare e limpida affermazione d'eguaglianza che egli potesse pronunciare.[22]

Dalla distinzione tra l'uomo e il poeta partiamo dunque per distinguere — tra le dichiarazioni teoriche del Goldoni e nel corpo stesso della sua opera — le «intenzioni» del primo e la realtà del secondo. Nell'ambito delle intenzioni potremmo anche distinguere tra le intenzioni «ufficiali» (che sono quelle che leggiamo), le intenzioni effettive (che possono essere sottaciute per opportunità) e — se così possiamo dire — le intenzioni inconsce, che peraltro coincidono in pratica con la più profonda realtà poetica dell'opera. Le intenzioni ufficiali sono naturalmente le più evidenti e vistose: si ritrovano nei brani che abbiamo citati, si ritrovano nelle note intitolate *L'Autore a chi legge*, nelle lettere dedicatorie, assai più raramente nel corpo delle commedie. Queste dichiarazioni non lasciano dubbi sulle preoccupazioni morali e moralistiche dell'autore, ma senza dubbio hanno anche lo scopo di coprirgli le spalle da possibili reazioni, di garantirgli una più ampia *licenza de' superiori*, e vanno molto al di là pertanto delle sue più credibili opinioni. Si prenda ad esempio la seconda delle «sedici commedie», *Le femmine puntigliose*, che è certo la più feroce satira che il Goldoni indirizzò alla nobiltà del suo tempo, e si osservi quel che scrive *L'Autore a chi legge*, dopo aver prudentemente ambientata la com-

---

[22] Cfr. *Il mercante di Venezia*, atto III, scena I: «Non ha occhi un ebreo? Non ha mani, organi, corpo, sensi, affetti, passioni? Non mangia anche lui il cibo? Non sente anche lui le ferite? Non si ammala anche lui, non guarisce anche lui con le medicine; non sente anche lui caldo d'estate e freddo d'inverno come un cristiano? Se ci pungete non diamo sangue anche noi? Se ci fate il solletico, non ridiamo? Se ci avvelenate, non moriamo?»

media a Palermo, sulla nobiltà veneziana: «In Venezia...
la Nobiltà è in cotal guisa costituita, che niuno di qualunque altro rango inferiore può aspirare a confondersi colla medesima, ed ella riconoscendosi superiore bastantemente per il suo grado, tratti tutti con affabilità, e non ha pretensione di quegli onori che cotanto riescono incomodi alla società».[23] Una dichiarazione dai toni bertoldeschi e schveykiani, drasticamente smentita dalla «realtà» della commedia, ma che verosimilmente non coincide neppure con la reale opinione dell'uomo Goldoni.

Eliminate facilmente le sperticate affermazioni di questo tipo, rimangono le intenzioni ufficiali che riflettono però le effettive intenzioni dell'uomo Goldoni, che appaiono — come già abbiamo detto — fortemente sorrette da preoccupazioni di natura morale e didascalica. Si prenda ad esempio la nota che precede *La bancarotta*, una delle sue commedie più disincantate e crudeli, rappresentata a Venezia nel 1741, nella quale il Goldoni riscrive la storia di un *Pantalone mercante fallito*, antico canovaccio dell'arte, nella convinzione che «...potesse riuscire dilettevole ed utile ancora, ponendo in vista la mala condotta di coloro che si abbandonano alle dissolutezze, e vi perdono dietro le facoltà e il credito; e le male arti degl'impostori, che fanno gravissimo torto al ceto rispettabile de' Mercadanti, che sono il profitto e il decoro delle nazioni»;[24] dove l'elogio della classe mercantile è ben altra e più credibile cosa che l'ossequioso incensamento della nobiltà di cui sopra.

Allo stesso modo possiamo prendere per buone — sia pure con il loro sottile velo d'ironia — le dichiarazioni premesse alla *Locandiera* (1752), la commedia che il Goldoni giudicava, tra le proprie, «la più morale, la più utile, la più istruttiva», e nelle quali è detto quanto segue: «Ho voluto dare un esempio di questa barbara crudeltà, di

[23] C. Goldoni, *op. cit.*, vol. II, p. 1121.
[24] C. Goldoni, *op. cit.*, vol. I, p. 943.

questo ingiurioso disprezzo con cui... coteste lusinghiere donne... si burlano dei miserabili che hanno vinti, per mettere in orrore la schiavitù che si procurano gli sciagurati, e rendere odioso il carattere delle incantatrici Sirene».[25]

E allo stesso modo, infine, per citare un esempio dalle opere del Goldoni maggiore, possiamo credere alle intenzioni che lo spingono a scrivere la *Trilogia della villeggiatura* (1761-62) per porre in ridicolo e «per correggerlo se fia possibile» il vizio di quel ceto medio «di un rango civile, non nobile e non ricco» che «vuol figurare coi grandi», ...poiché i nobili e i ricchi sono «autorizzati dal grado e dalla fortuna a fare qualche cosa di più degli altri».[26]

Queste, insomma, in tutta la loro modestia, e con tutto il loro carattere didascalico, a volte profondo a volte più su-

[25] C. Goldoni, *op. cit.*, vol. IV, p. 780. Vedi anche C. Goldoni, *La locandiera*, «Introduzione» di L. Lunari, pp. 19 sg., Milano, Rizzoli (BUR), 1976, ove è detto: «Le ragioni dell'utilità e della moralità stanno per Goldoni nella denuncia dell'ipocrisia femminile e della sua pericolosità: "Ho voluto dare un esempio di questa barbara crudeltà, di questo ingiurioso disprezzo con cui... coteste lusinghiere donne... si burlano dei miserabili che hanno vinti, per mettere in orrore la schiavitù che si procurano gli sciagurati, e rendere odioso il carattere delle incantatrici Sirene. ... Oh bello specchio agli occhi della gioventù! Dio volesse che io medesimo cotale specchio avessi avuto per tempo, che non avrei veduto ridere del mio pianto qualche barbara Locandiera. Oh di quante Scene mi hanno provveduto le mie vicende medesime! ... Ma non è questo il luogo né di vantarmi delle mie follie, né di pentirmi delle mie debolezze. Bastami che alcun mi sia grato della lezione che gli offerisco. Le donne che oneste sono, giubileranno anch'esse che si smentiscano codeste simulatrici, che disonorano il loro sesso, ed esse femmine lusinghiere arrossiranno in guardarmi, e non m'importa che mi dicano nell'incontrarmi: che tu sia maledetto!". Non manca in questo brano un generoso pizzico d'ironia; così come vi manca invece — onde salvarlo dal sospetto di moralismo — la più pallida intenzione di mettere personalmente a frutto il saggio insegnamento. Ma anche sfrontata questa pagina di tutte le strizzatine d'occhio che contiene, non vi è motivo di dubitare che il Goldoni dia un severo giudizio di Mirandolina...».

[26] Cfr. la nota «L'Autore a chi legge» premessa alle *Smanie per la Villeggiatura* in C. Goldoni, *op. cit.*, vol. VII, p. 1007. E vedi anche C. Goldoni, *Trilogia della villeggiatura*, «Introduzione» di L. Lunari, Milano, Rizzoli (BUR), 1982.

perficiale, morale o moralistico, a tratti progressista a tratti conservatore o addirittura codino, le intenzioni che guidano l'uomo Goldoni nell'esercizio del suo mestiere, e che ne chiariscono comunque l'assiduo e zelante impegno a svolgerlo in modo utile al prossimo suo. Alla luce di questi e di altri esempi, il teatro che l'avvocato Goldoni intende fare è un teatro edificante, al quale le persone dilicate e dabbene possano accedere con le famigliuole, che non offenda con la crudezza della dipintura dei vizi, che additi la via della virtù, che invogli a percorrerla mostrando come la virtù trionfi appunto sul vizio, che non confonda le idee col sovrannaturale e col maraviglioso, che insegni a ciascuno a stare al proprio posto e ad essere contento del proprio stato, che punisca i reprobi con giusta fermezza, senza orrore per i buoni, e non senza che il reprobo stesso denunci i propri torti e affermi il proprio pentimento.

Ora, è fuor di dubbio che se il teatro del Goldoni corrispondesse davvero a questa descrizione, né io sarei qui a scriverne, né tu — o benigno lettore — saresti lì a leggerne. In realtà, non solo le intenzioni ufficiali, ma le stesse intenzioni effettive vengono scavalcate dal Goldoni all'atto della creazione poetica, in virtù di quella superiore giustizia di cui abbiamo fatto cenno più sopra. Di questa realtà poetica del teatro goldoniano abbiamo parlato in più occasioni,[27] dimostrandone — nei molti momenti perfettamente compiuti — l'assoluta indipendenza delle personali preoccupazioni programmatiche del suo autore. Qui, senza ripeterci, ci preme seguire il modo in cui questa indipendenza si realizza, ed esaminare i conflitti — palesi ed occulti — tra il poeta Goldoni da un lato, e l'uomo Goldoni dall'altro, con tutte le sue motivazioni ufficiali

---

[27] Cfr., nella BUR, le introduzioni di L. Lunari a *Il campiello, Le baruffe chiozzotte, Il ventaglio, Arlecchino servitore di due padroni* oltre alla *Locandiera* e alla *Trilogia* già citate.

ed effettive, che sono — come abbiamo visto — solo in parte coincidenti.

Il punto dolente che rivela e preannuncia questo conflitto si trova nella contraddizione — almeno apparente — tra la dichiarazione di fedeltà alla realtà umana e sociale osservata, e l'opportunità didascalica e pratica che porta ad escludere le realtà sconvenienti, o offensive, o incorreggibili, limitando di fatto quella fedeltà. Possiamo chiederci se il Goldoni si sia mai posto il problema di questa eventuale contraddittorietà; da un punto di vista teorico, l'affermazione più netta è quella riportata dalle *Réflexions sur la Poétique* di padre Rapin: e forse non a caso si tratta di una citazione, e non di una affermazione in prima persona. Da un punto di vista pratico è impressionante esaminare l'incredibile schermaglia di artifizi, di contromisure, di astuzie che il Goldoni sfodera per salvare capra e cavoli, e per far convivere una rigorosa e coerente descrizione del reale con l'affermazione morale o moralistica coerente con le proprie dichiarazioni ufficiali.

A volte, come abbiamo visto nel caso delle *Femmine puntigliose*, la schermaglia è soltanto una bombastica incensatura che figura in testa alla commedia (e dunque *fuori* della stessa), nella quale poi la verità è esposta con un rigore ed una cattiveria direttamente proporzionali alla quantità di incenso profuso. In altri casi l'accostamento tra verità inquietante e rassicurazione morale avviene addirittura da una commedia all'altra; è il caso del *Cavaliere e la dama* (1749) in cui il Goldoni disegna la realistica figura del dottor Buonatesta, procuratore legale «maligno ed avido»; ma ecco che nella commedia immediatamente successiva, *L'avvocato veneziano*, il Goldoni equilibra il colpo al cerchio con un colpo alla botte, dove il personaggio dell'avvocato Casaboni è l'esatto opposto del dottor Buonatesta: poiché «...dopo aver io nella commedia intitolata *Il cavaliere e la dama* staffilati alcun poco i Legali di cattivo carattere in quel tale maligno ed avido

31

Procuratore, era ben giusto che all'onoratissima mia professione dar procurassi quel risalto, che giustamente le si conviene».[28]

In altri casi ancora l'accostamento ha luogo nell'ambito della stessa commedia, dove al personaggio negativo rigorosamente ispirato alla realtà viene affiancato un personaggio positivo, non necessariamente incredibile o inverosimile — sia chiaro! — ma che sia comunque, come l'avvocato veneziano, «copia dei buoni ed ammaestramento ai cattivi».[29] Così, per fare un esempio, nel *Padre di famiglia* (1750), tra le due figliole di Geronio di opposta educazione, «Rosaura farà arrossire qualche modestina affettata, come Eleonora potrà consolare le figliuole di buon carattere».[30]

In una sua quarta incarnazione, ancora, l'accostamento si realizza nell'ambito di uno stesso personaggio: il comportamento e il dialogo sono regolati dal criterio della verità e della verosimiglianza, anche a costo della sgradevolezza offensiva e della sconvenienza, mentre gli «a parte» del personaggio stesso riportano il punto di vista morale dell'autore, sotto forma di una rassicurante autocritica. Così, ad esempio, si comporta Eugenio, il giocatore della *Bottega del caffè*, che a un tratto si arresta sull'inarrestabile china del vizio per commentare in un breve *assolo* giudizioso la propria situazione: «...Mia moglie, povera disgraziata, che mai dirà? Questa notte non mi ha veduto... Avrà pensato, o che io fossi con altre donne, o che fossi caduto in qualche canale, o che per debiti me ne fossi andato. So che l'amore, ch'ella ha per me, la fa sospirare; le voglio bene ancor io, ma mi piace la mia libertà. Vedo però che da questa mia libertà ne ricavo più male che bene, e che se facessi a modo di mia moglie, le

[28] C. Goldoni, *op. cit.*, vol. II, p. 709.
[29] *Ibid.*, p. 710.
[30] *Ibid.*, p. 801.

faccende di casa mia andrebbero meglio. Bisognerà poi risolversi, e metter giudizio».[31]

È perfettamente nella logica delle cose il fatto che al Goldoni — che perseguiva verosimiglianza e moralità — gli avversari abbiano sempre rimproverato — dall'abate Chiari a Carlo Gozzi, inverosimiglianza e immoralità. Accuse in un certo senso incrociate, e che sembrano dimostrare la contraddittorietà e l'inconciliabilità dei due ordini di valori: dove il Goldoni persegue la verosimiglianza, l'accusa è di immoralità; dove il Goldoni persegue invece un intendimento morale, l'accusa è quella di inverosimiglianza. Celeberrimo, quale esempio del primo caso, il giudizio di Carlo Gozzi: «(Goldoni)... espose sul teatro tutte quelle verità che gli si paravano dinanzi, ricopiate materialmente e trivialmente... Non seppe, o non volle, separare le verità che si devono, da quelle che non si devono porre in vista sopra un teatro... Da ciò nasce, che le sue commedie odorano per lo più di un pernizioso costume. La lascivia e il vizio gareggiano in esse colla modestia e colla virtù, e bene spesso queste due ultime sono vinte da' primi...».[32] Un esempio del secondo caso riguarda invece il già citato *Avvocato veneziano*, nel quale — come narra il Goldoni stesso — «fu principalmente aggredito il carattere nobile e virtuoso dell'Avvocato; il quale, inflessibile all'amore, all'interesse e alle minacce, sa così bene trionfare delle passioni, e a tutto preferisce l'onore di se medesimo e della sua professione; eppure (ridete, ch'ella è da ridere) fu criticato il mio Protagonista per questo appunto, perché in sommo grado onorato. Vi furono di quelli

[31] *La bottega del caffè*, Atto I, scena XII.
[32] In *Ragionamento ingenuo e storia sincera dell'origine delle mie dieci fiabe teatrali*, 1722. Vedilo in C. Gozzi, *Opere*, Milano, Rizzoli, 1962, pp. 1075-76. E per una discussione del problema cfr. L. Lunari, *Dall'abate Chiari a Giorgio Strehler*, in C. Goldoni, *Il campiello*, cit., pp. 15 sgg., Milano, Rizzoli (BUR), 1975.

che non si vergognarono di dire, che i tai cimenti non fosse verisimile la resistenza».[33]

Come risponde, il Goldoni, alle accuse? Naturalmente appellandosi ai valori di verità quando l'accusa è di immoralità, appellandosi alle istanze morali quando lo si accusa di inverosimiglianza. Del *Padre di famiglia*, ad esempio, scrive: «Alcuni giudicano la presente commedia terminar male, perché non seguendo alcuna pacificazione fra Suocera e Nuora, manca, secondo loro, il fine della morale istruttiva che dovrebbe essere, nel caso nostro, d'insegnare agli uomini a pacificare queste due persone, per ordinario nemiche. Ma io rispondo, che quanto facile mi sarebbe stato il renderlo sulla scena pacificante, altrettanto sarebbe impossibile dare ad intendere agli Uditori che fosse per essere la loro pacificazione durevole; e desiderando io di preferire la verità disaggradevole ad una deliziosa immaginazione, ho voluto dare un esempio della costanza femminile nell'odio».[34] Per *L'avvocato veneziano*, invece, dove l'accusa è di inverosimiglianza, il Goldoni insorge in nome della morale: «Questo è un negare la Virtù medesima, la qual allora fa di sé mostra, quando è più combattuta, né può risplendere fra le ordinarie e facili contingenze».[35]

Ma vi è qualcosa di più: quando la fedeltà alla verosimiglianza lo porta in acque pericolose, al punto che l'appello alla «verità disaggradevole» potrebbe anche non bastargli di scusa, il Goldoni non esita a darsi pesantemente la zappa sui piedi, negando puramente e semplicemente la verosimiglianza stessa. Torniamo ad esempio alle già citate *Femmine puntigliose*, prudentemente ambientate — tanto per cominciare — in una Palermo che è la città italiana più lontana possibile da Venezia, e nella quale si incontrano (come nella Cina o nella Russia di Carlo Gozzi)

[33] C. Goldoni, *op. cit.*, vol. II, p. 709.
[34] C. Goldoni, *op. cit.*, vol. II, p. 886.
[35] C. Goldoni, *op. cit.*, vol. II, p. 709.

Pantalone, Brighella e Arlecchino. Protagonista della commedia è un mondo femminile in cui «le nobili non si degnano delle inferiori; le ignobili aspirano all'egualità colle Dame; le ricche disprezzano le miserabili, e queste hanno le altre in aborrimento».[36] È in questo mondo che Rosaura, moglie di un ricco mercante, desiderosa di essere ammessa alla conversazione con le nobildonne di Palermo, paga il favore con un orologio d'oro al conte Lelio e con cento doppie alla contessa Beatrice. Pare ancora di sentire le accuse di Carlo Gozzi: «Egli ha fatto sovente de' veri nobili lo specchio dell'iniquità e il ridicolo». Che cosa ha da dire a sua discolpa il Goldoni? Appellarsi alla verosimiglianza, e dire che questi nobili «hanno pur troppo degli esempi viventi» (come ha fatto per la mercantessa Beatrice del *Padre di famiglia*)[37] potrebbe essere addirittura un'aggravante. Lo sperticato incensamento della Nobiltà veneziana potrebbe anche non bastare, di fronte ad un caso così circostanziato. Ecco — assolutamente geniale nella sua illimitata spudoratezza — la difesa del Goldoni: «La Contessa Beatrice fa una trista figura nel ceto della nobiltà. Io non credo che un tal carattere si ritrovi. Una Dama che voglia per cento doppie arrischiar il decoro del suo Paese, ed esporre agli scherni una Forestiera, non credo vi sia mai stata. Ho figurato un carattere da Commedia per mettere i puntigli in ridicolo, sicuro quasi dentro di me medesimo, che non avrei potuto esserne rimproverato. Ma il Mondo che vuol fare scena di tutto, ha preteso di riscontrar degli originali, e mi ha caricato di averli io temerariamente imitati. Protesto non esser vero...».[38]

E si lancia — a dimostrazione di questo — in una serie di ragionamenti tanto privi di logica da far davvero pen-

[36] C. Goldoni, *op. cit.*, vol. II, p. 1119.
[37] C. Goldoni, *op. cit.*, vol. II, p. 801.
[38] C. Goldoni, *op. cit.*, vol. II, p. 1120 al pari delle citazioni che seguono.

sare che egli reciti qui la parte del finto tonto. La prova
che la contessa Rosaura non ha avuto un modello nella
realtà è che la commedia è ambientata a Palermo, e lui a
Palermo non c'è mai stato. Altra prova che non esiste un
modello è il fatto che in tutti i paesi in cui si rappresentò la
commedia la gente ha preteso di riconoscervi qualche nobile del luogo; e dunque, dice il Goldoni, «non è verisimile
che possa lo stesso fatto in più di un luogo verificarsi,» ed
è invece «ben probabile che per tutto vi sieno degli spirito-
si talenti, che cerchino di mettere in ridicolo le persone e
di screditare gli Autori». Insomma: che dappertutto vi
siano dei nobili venali è inverosimile: verosimile è invece
che dappertutto si ravvisino nobili venali!

Come già abbiamo detto, *Le femmine puntigliose* è in
questo periodo dell'attività goldoniana una delle commedie di più alto significato per quello che riguarda l'affermazione dei valori della borghesia: qui, il conflitto tra la
borghesia operosa e una nobiltà sempre più esautorata,
che nella *Famiglia dell'Antiquario* il Goldoni aveva rappresentato sorridendo, assume un aspetto quasi dr-amma-
tico,[39] e il riso si accende di toni crudelmente satirici. E,
puntualmente, in perfetta coincidenza con il massimo di
audacia nella realtà dell'opera, il Goldoni afferma di aver
tradito la propria fedeltà al verosimile, di aver creato non
un «carattere», ma un «carattere da commedia», e si ab-
bandona ad affermazioni teoriche di sapore addirittura
pre-illuministico, che paiono rinnegare la riforma — oltre
che sul piano drammaturgico — anche sul piano ideologico: «La Nobiltà è un fregio grande, desiderabile da chichessia, ma è quel tal fregio che unicamente può dalla nascita conseguirsi. Tutto l'oro del Mondo non è bastante a
cambiar il sangue, e sarà sempre stimata più una Femmi-
na doviziosa nel proprio rango, di quello possa ella spera-

[39] L'espressione è dell'Ortolani, in C. Goldoni, *op. cit.*, vol. II, p. 1335.

re innalzandosi a qualche ordine superiore».[40]

Ora, è vero che tutto questo è «esterno» alla commedia; che la commedia è la sola realtà che conti; che queste dichiarazioni possono essere considerate un inevitabile pedaggio al quieto vivere; e che può addirittura avere un valore positivo il distogliere la borghesia dalle vuote e costose ambizioni di *gentilhommerie*; tuttavia non può non sorprendere e non dispiacere vedere il Goldoni pregiare tanto le altere cune, e genuflettersi di fronte ad una concezione tanto metastorica della nobiltà. Ma il Goldoni la sa molto più lunga: nella lettera dedicatoria al patrizio fiorentino Francesco de' Medici (forse la più lunga e impegnata delle sue lettere di questo tipo)[41] il Goldoni si diletta ad elencare ed illustrare i dodici ingredienti di una perfetta felicità terrena, che vanno da un ontologico e necessario «Essere» ad un «Sano Discernimento». Giunto a discorrere della «Nobiltà dei Natali» — quarto ingrediente dopo l'Essere, la Vera Fede, e una Mens Sana in Corpore Sano — il Goldoni ne compie una analisi perfettamente moderna, storicamente e razionalmente ineccepibile, che nulla ha a che fare con le banali osservazioni riportate più sopra: «Vero è che l'origine di tutti noi da un solo Padre deriva, che la pasta onde siam formati è la medesima in tutti, e che di tutti egualmente struggesi con lo stesso fine; ma non può negarsi però, che coll'andar del tempo non siasi prodotta certo diversità fra gli Uomini, che fa distinguere dall'aspetto il nobile dal plebeo, siccome ancora gli Uomini di una nazione da quelli di un'altra. Ogni regola è soggetta alle sue eccezioni; accordo ancor io, e la pratica lo dimostra, che la Natura scherzando, darà talvolta ad un Pastorello un'immagine da Sovrano, ma per lo più si ravvisa il contrario anzi, per meglio dire, la natura giustifica per lo più coi lineamenti del volto la nobiltà dei natali. Sia ciò derivato per ragion dell'educazione, che a poco

[40] C. Goldoni, *op. cit.*, vol. II, p. 1120.
[41] C. Goldoni, *op. cit.*, vol. II, pp. 1109-1117.

a poco ha regolato la macchina in virtù degli abiti virtuosi, o sia per la natura de' cibi, che hanno resa più delicata la complessione, o per la qualità degli esercizi, che quanto men faticosi, tanto più rendono gentile il corpo, e avvenente, certissima cosa è, che nascere da Genitori nobili è un maggior bene». Analisi perfetta, abbiamo detto, che apre alla borghesia danarosa — dando tempo al tempo — la possibilità di «regolare la macchina in virtù degli abiti virtuosi», e che potrebbe essere tranquillamente sottoscritta da G.B. Shaw e da Bertolt Brecht. Ma il Lettore che si è dispiaciuto più sopra, non si rallegri troppo, ora, e pari piuttosto l'ultimo colpo di coda del Goldoni: il brano citato figura nell'edizione Paperini del 1753, ma venne tagliato dal Goldoni stesso dal tomo VI dell'edizione Pasquali, uscito nel 1764, vivendo ormai il Goldoni a Parigi, nella Francia di Luigi XV, dove meno di trentamila famiglie di nobili privilegiati — all'incirca lo 0,5 per cento della popolazione — posseggono il 40 per cento del suolo.[42]

Questa analisi potrebbe continuarsi all'infinito, ma credo che tanto sia sufficiente a chiarire la complessa stratificazione del pensiero goldoniano, della sua strategia, della sua tattica. Tranquillo borghese ed uomo d'ordine, favorito da un equilibrio neurovegetativo a dir poco eccezionale (la cosa *non è* secondaria), egli crede fermamente nella funzione educativa del teatro e/ma anche nella superiorità della verità osservata sull'artificiale e sul meraviglioso. In quanto poeta, e rigoroso osservatore della realtà, egli persegue la verità anche nelle sue conseguenze più «disaggradevoli» e sconvenienti, anche ove questo porti a toccare con mano la superiorità storica della borghesia sulla nobiltà, o la incorreggibilità di una certa quota di male contro i dettami settecenteschi della «giustizia poeti-

[42] Dati presi dall'*Ancien régime* del Taine, Torino, Boringhieri, 1961, p. 72. Il periodo «tagliato» dalla lettera dedicatoria del Goldoni figura in C. Goldoni, *op. cit.*, vol. II, p. 1336, n. 4.

ca». Non sempre, tuttavia, l'uomo pratico permette che il poeta gli sfugga del tutto di mano, o — una volta che questi lo ha fatto — rinuncia ad intervenire per una prudente rettifica del tiro. E questo avviene nell'ambito stesso dell'opera creata — con tutti quegli artifizi di cui abbiamo fornito l'esempio — oppure, quando questo non avviene o non basta, con una serie di affermazioni teoriche collaterali ed esterne, che possono giungere addirittura all'auto-accusa di menzogna, e al rinnegamento dei princìpi stessi della Riforma.

Se a questi estremi possiamo anche non dare il minimo peso, e citarli al più come uno dei tanti esempi del piegarsi della ragione di fronte alla forza, non bisogna però sottovalutare la sincera preoccupazione moraleggiante ed educativa del Goldoni: questa preoccupazione contamina e inficia tutta l'opera del grande autore in numerosissimi dettagli che però — molto significativamente — sembrano «affiancare» i personaggi e le loro vicende, più che veramente entrare a farne parte. Si tratta appunto — come abbiamo visto — delle considerazioni moralistiche affidate agli *assolo* dei personaggi, dei pistolotti finali a vicenda conclusa, degli «a parte» con cui l'azione si sospende e si interrompe; elementi facilmente isolabili, ed anche — direi — legittimamente sopprimibili nelle edizioni sceniche dei giorni nostri, a restaurazione delle più autentiche e meno contingenti intenzioni, dimostrabili alla luce di una coerenza meno conclamata ma più convincente.[43]

Ma se andiamo al di là di questi minuti interventi, e se risaliamo a quella sfera in cui la preoccupazione morale e didascalica è parte integrante e inseparabile del pensiero dell'autore (nel momento cioè in cui il Goldoni architetta le proprie commedie, sceglie la realtà da narrare, mette a

[43] Cfr., per un esempio a questo proposito, il lavoro compiuto da G. Strehler in occasione di una celebre edizione scenica della *Trilogia della villeggiatura*, quale è descritto nella introduzione di L. Lunari in C. Goldoni, *Trilogia della villeggiatura*, cit.

fuoco le cose da dire) dobbiamo riconoscere che il moralismo goldoniano — nel suo significato più alto e più profondo — altro non è che il suo stesso mondo poetico, e altro non riflette che il mondo quale egli lo vede. La fondamentale preoccupazione ideologica e morale del Goldoni è — puramente e semplicemente — la enunciazione e l'esaltazione dei valori borghesi. Queste le sue intenzioni «effettive», al di là delle intenzioni «ufficiali», con tutto il loro significato profondamente rivoluzionario che il Poeta Goldoni sviluppa con assoluta coerenza fino alle sue conseguenze estreme. Ma ogni preoccupazione programmatica — per quanto positiva o addirittura necessaria — comporta almeno la possibilità, di uno scontro con la verità delle cose; e qui si ripropone dunque il problema della inconciliabilità tra una rigorosa osservazione del Mondo e l'opportunità delle cose da dire.

In questa più alta sfera, la risposta del Goldoni al problema concilia gli inconciliabili con una «selezione della verità» che gli permette di perseguire fino alle sue estreme conseguenze l'analisi della realtà osservata, senza mai trovarsi di fronte — per così dire — alla necessità o all'opportunità della menzogna. Ecco perché il Goldoni non vuole sentir parlare di «padri mezzani delle figliuole», perché ai caratteri negativi dà al più un ruolo di contorno, perché organizza la propria realtà in modo che il vizio non manchi di un suo *verosimile* contraltare virtuoso. La realtà che egli seleziona deve consentirgli al tempo stesso la fedeltà al naturale e la moralità della conclusione: ciò che importa è il verosimile, e non il documento; la non-menzogna — in un certo senso — più che la verità nella sua interezza. Piccole menzogne ne abbiamo viste a iosa, a livello di dettaglio, e sempre ben isolate e smascherabili: qui, dove la menzogna inquinerebbe il nucleo essenziale del suo mondo poetico, il Goldoni non mente; e della realtà che egli ritrae fornisce un ritratto non assolutamente «contro la verità», ma certo selezionando la verità, alla luce di una intenzione che nulla ha a che fare con le piccole preoccupazioni codine, per farsi esaltazione della nuova classe sociale nel momento della sua affermazione storica; per darne un ritratto parziale — se vogliamo — ma fedele, angolato in modo da porre in primo piano le positive virtù dell'uomo nuovo borghese: senza mistificazione, senza nessun bisogno di mistificare, *queste* essendo, in *questo* momento storico, le cose da dire.

Questa intenzione è al tempo stesso necessaria e contingente. Contingente, perché riguarda questo primo periodo del Goldoni e accompagna il momento di ascesa e di affermazione della borghesia; ben presto — a riprova della profonda giustizia e verità poetica del Goldoni — con l'affinarsi della sua arte di osservatore del reale, con il maturare del suo pensiero, e — soprattutto — con l'evolversi della situazione sociale e storica, che delineerà le prime contraddizioni del mondo borghese e l'affiorare degli egoismi e dei particolarismi distruttivi, egli prenderà le distanze dalla propria classe, fino a ritrarla con occhio del tutto disincantato, senza più la minima condiscendenza, neppure quella del silenzio, in modo del tutto impietoso e realistico. Necessaria, poi, alla luce dell'impegno che il Goldoni in questi anni si assume, di dare un teatro a questa borghesia in positiva ascesa, con tutta la sua volontà e la sua forza innovative e progressiste, che deve affermare i propri valori di fronte all'oppressione aristocratica da un lato, e al disimpegno popolare dall'altro.

In questo quadro governato ancora e sempre dal principio della necessità, il Goldoni si conforma al comportamento ideale dello scienziato moderno (o, meglio, dell'intellettuale moderno) che si preoccupa delle conseguenze in lato senso politiche della propria opera, e subordina eventualmente la ricerca della verità alle considerazioni sull'uso che ne verrà fatto. Nel momento in cui la borghesia si afferma polemicamente sulle altre classi, la verità «disaggradevole» può essere un favore fatto al nemico; in un momento di prevalente importanza politica, anche lo scrittore non può non sentirsi condizionato. È alla luce di queste considerazioni che il Goldoni potrebbe tranquillamente sottoscrivere l'affermazione del Gozzi sulla necessità di «separare le verità che si devono, da quelle che non si devono porre in vista sopra un teatro». La differenza è che Gozzi parla in nome di un mondo decrepito da conservare, il Goldoni invece in nome di un nuovo mondo da affermare. A questo punto, in questo contingente regime di necessità, la non-menzogna, la selezione della verità è il massimo consentito ad un poeta che alla capacità dell'universale unisca in sé anche l'impegno dell'uomo «politico».

È alla luce di questo impegno che va segnalata una curiosa e significativa peculiarità nell'attività di editore di se stesso che il Goldoni esercitò in questi anni. Come è noto, il Goldoni pubblicò una prima raccolta delle proprie opere presso l'editore veneziano Bettinelli tra il 1750 e il 1755,[44] una seconda più ampia raccolta presso il Paperini di Firenze (1753-1757), una terza raccolta aggiornata presso il veneziano Pitteri, una quarta raccolta con lunghe prefazioni autobiografiche nei diciassette volumi dell'edizione Pasquali (Venezia, 1761-1778), fino all'opera omnia dello Zatta, sempre a Venezia, tra il 1788 e il 1795. Per quello che riguarda in particolare le commedie del primo Goldoni, esse figurano nelle prime edizioni citate in una forma per lo più alquanto diversa da quella in cui avevano visto la luce. Questa diversità, ben più che il frutto di una normale opera di revisione, rappresenta un vero e proprio adeguamento di tutte le commedie scritte «prima» della riforma o «durante» la riforma ai risultati della riforma stessa. Tipico è il cammino compiuto dal *Padre di famiglia*, di cui si posseggono tre successive revisioni del Gol-

___

[44] Il Goldoni si disinteressò peraltro di questa edizione nel 1752, quando lasciò il Sant'Angelo e il Medebach.

doni, e che esemplifica la metodologia seguita dall'autore nella sua attività di riforma, che parte — come è noto — dal canovaccio della commedia all'improvviso. Alla sua prima rappresentazione, figurano nel *Padre di famiglia* le quattro maschere tradizionali (Pantalone, il Dottore, Arlecchino e Brighella) verosimilmente lasciate libere di improvvisare, ciascuna nel proprio dialetto; nella prima edizione del Bettinelli (vol. II, 1751) le maschere vengono vincolate a un testo scritto, pur con l'indicazione di certi lazzi a soggetto per Brighella ed Arlecchino,[45] mentre il Dottore lascia il dialetto bolognese per passare al toscano; nell'edizione Paperini (vol. VII, 1754), tre delle maschere scompaiono in quanto tali, assumendo contorni concreti e nomi realistici (Pantalone diventa Pancrazio, il Dottore diventa Geronio, Brighella diventa Trastullo); nell'edizione Pasquali (vol. VII, 1764) scompare anche Arlecchino, ultima maschera rimasta, che non viene sostituito, e la commedia è del tutto assimilata ai risultati definitivi della riforma; con la scomparsa di tutte le vecchie convenzioni della commedia dell'arte, le maschere ricondotte alla loro significazione sociale, l'adozione di uno stile rigorosamente e coerentemente realistico.

Quest'opera di revisione, alla quale il Goldoni fa esplicito cenno per molte delle commedie di questo periodo, è di natura essenzialmente drammaturgica e ideologica, ma comporta anche una sorta di piccola ripulitura, dettata dalla preoccupazione goldoniana per la convenienza e per la «dilicatezza». Una revisione perfettamente legittima, poiché non fa che estendere i benefici della riforma a tutte le opere che tendono a questo fine, e che non avevano potuto valersene per contingenti ragioni di opportunità tattica.[46]

[45] Cfr. la scena XIV dell'atto II, nell'edizione del Bettinelli; in C. Goldoni, *op. cit.*, vol. II, p. 1273.

[46] Cfr. quanto scrive il Goldoni nella nota dell'«Autore a chi legge» premessa al *Cavaliere e la dama*: «Quando pensai a scrivere le Commedie in servigio del Teatro, ed a togliere, per quanto avessi potuto, le infi-

Ben diverso è il discorso per quello che riguarda il gruppo delle primissime commedie goldoniane: *L'uomo di mondo, Il prodigo* e *La bancarotta*, rappresentate tra il 1738 e il 1740, prima di quella *Donna di garbo* che il Goldoni considerò sempre la sua «primogenita»;[47] per le quali la revisione si configura come una vera e propria mistificazione operata dall'autore contro la propria stessa opera. Abbiamo dimostrato in altra occasione,[48] che il Goldoni, in questi suoi primissimi passi, adottando in tutto e per tutto il mondo delle maschere, viene portato — per una sorta di profonda e invincibile coerenza stilistica — ad adottare anche il punto di vista ideologico e morale di quel mondo: un punto di vista assolutamente popolare, di un popolo ancora ai margini della storia, privo di ogni autonoma coscienza di classe e d'identità, che nulla ha a che fare con la mentalità borghese, e che guarda al mondo con un atteggiamento di estremo e amorale cinismo, e all'uomo borghese in particolare come a un nemico pazzo, a volte ridicolo e a volte pericoloso, sempre comunque incomprensibile nel suo rifiuto dei piaceri della vita (mangiare, bere e fare all'amore), per lavorare, e accumulare, e trafficare. Il Goldoni non fa alcun mistero della propria riluttanza ad accettare queste opere: non le include nella raccolta edita dal Bettinelli, e si risolve ad includerle soltanto nel decimo volume dell'edizione del Paperini, forse soltanto per far numero, confessando peraltro che «anziché impiegar tanto tempo nel riformar queste tali com-

nite improprietà che in esso si toleravano, mi venne in mente di smascherare i ridicoli, bandire gli Zanni, e correggere le caricature dei Vecchi. Ma ci pensai assaissimo, e pensandoci appresi che, se ciò avessi fatto, mille ostacoli mi si sarebbero opposti, e che non dovevasi sulle prime andar di fronte al costume, ma questo a poco a poco procurar di correggere e riformare». C. Goldoni, *op. cit.*, vol. II, p. 627.

[47] *La donna di garbo,* nota «L'Autore a chi legge», in C. Goldoni, *op. cit.*, vol. I, p. 1017.

[48] L. Lunari, *L'unica commedia del «buon papà Goldoni»,* in C. Goldoni, *Arlecchino servitore di due padroni,* cit., pp. 25 sgg., Milano, Rizzoli (BUR), 1979.

medie, e nello scriverle intieramente di nuovo, le avrei gettate nel fuoco».[49] Egli le riscrive dunque spogliandole «di tutto quello che nei tempi oscuri passati era ancor tollerato, e oggi, per la Dio grazia, fu dalle scene sbandito»;[50] e ciononostante, pur leggendo queste opere in una versione purgata ed edulcorata, lontanissima dalla loro prima, siamo colpiti dall'aridità e dalla volgarità morale del mondo descritto, che la riscrittura del Goldoni ripulisce in superficie, senza però poterne intaccare la sostanza. Esemplare è infine, a questo proposito, l'autocritica che l'autore pronuncia per *Il prodigo*, ma che è legittimo estendere anche alla *Bancarotta* e all'*Uomo di mondo*: «In somma... una commedia cattiva. Quanto son contento d'averla ridotta com'è, altrettanto mi pento di averla fatta com'era, e già che ho la consolazione in presente di veder le opere mie dalle oneste e religiose persone approvate, così desidero che tutto il mondo si scordi delle primiere mie leggerezze, e ne domando sinceramente il perdono».[51]

Ora, se la revisione delle opere che mirano alla riforma è criticamente legittima e perfettamente corretta, la revisione di queste opere che appartengono — per intima coerenza — ad un clima morale e culturale del tutto diverso e in certo senso opposto, è il frutto di una profonda mistificazione. Tuttavia, l'operazione rientra in una prassi ben comune, e per quanto ripugnante è storicamente coerente e rientra negli usi e costumi. Sappiamo che la genesi e l'evoluzione del teatro borghese del Goldoni riflette, con esemplare metodologia, la storia stessa della classe borghese in tutte le sue fasi; come la classe borghese nasce dal popolo, così il teatro goldoniano prende le mosse dalla commedia popolare; come la borghesia, non appena

[49] *L'uomo di mondo,* «L'Autore a chi legge», in C. Goldoni, *op. cit.*, vol. I, p. 782.

[50] *La bancarotta,* «L'Autore a chi legge», in C. Goldoni, *op. cit.*, vol. I, p. 944.

[51] *Il prodigo,* «L'Autore a chi legge», C. Goldoni, *op. cit.*, vol. I., p. 861.

giunge nel salotto buono rinnega le proprie origini volgari, così il teatro goldoniano rinnega ben presto le proprie radici nell'amoralità popolare; come la mercantessa nasconde i calli sotto le creme, così il Goldoni riveste di dilicate espressioni le «poco oneste» fantasie del passato; come ci si scusa delle pecche che non si riescono a nascondere, così ora il Goldoni domanda umilmente perdono per i suoi trascorsi, che la mistificazione non riesce — come già abbiamo detto — a intaccare nella loro più autentica essenza.

La storia, si sa, la scrive chi vince. Ma, ancora una volta, fa parte della grandezza del poeta anche in quelle sue primissime opere, il fatto che neppure il perbenismo ufficiale dell'uomo Goldoni sia riuscito a imborghesire ciò che borghese non era.

LA BOTTEGA DEL CAFFÈ

Alla luce di quanto abbiamo scritto non sarà difficile leggere questa *Bottega del caffè* cogliendone gli aspetti significativi per la riforma, la ricerca del «carattere», la fedeltà al verosimile, la intenzione didascalica, il sempre latente contrasto tra la sgradevolezza di certe realtà osservate e la preoccupazione per una non offensiva dilicatezza.

Terza delle sedici commedie — dopo *Il teatro comico* e *Le femmine puntigliose* — la *Bottega del caffè* fu rappresentata in un primo tempo con le maschere di Arlecchino e di Brighella, e con altri tre personaggi che parlavano in veneziano: certamente Eugenio, forse anche il biscazziere Pandolfo. Noi la leggiamo dunque nella versione che il Goldoni ha preparata per «meglio servire il pubblico, rendendola più universale»,[52] interamente in toscano, e dando a Brighella e ad Arlecchino i lineamenti realistici del

---

[52] Cfr. «L'Autore a chi legge».

46

caffettiere Ridolfo e del garzone Trappola. Originariamente Arlecchino doveva avere uno spazio più vasto di quello che è rimasto a Trappola, poiché non è pensabile che la più amata e popolare delle maschere fosse così poco impiegata; anche se occorre tener conto del fatto che la compagnia del Sant'Angelo aveva un Arlecchino alquanto modesto, del quale non ci è neppure giunto il nome. Possiamo dunque immaginare che la commedia fosse originariamente più comica, adorna di certi lazzi, e probabilmente anche più cruda nel ritratto di queste piccole vicende di bellimbusti vittime del profittatore Pandolfo e del loro stesso vizio del gioco e delle donne.

*La bottega del caffè* presenta qualche anomalia nel quadro del teatro goldoniano. È ad esempio una delle rarissime commedie del Goldoni ad avere un titolo che non porti in primo piano un carattere: l'unica tra le sedici, se si eccettua quella commedia-manifesto che è *Il teatro comico*. Questo rivela la preoccupazione goldoniana di non fare mai di un carattere negativo il protagonista di una commedia, ma di farne al più — come teorizza Orazio nel *Teatro comico* [53] — un personaggio di fianco. Ora, Don Marzio non è un *protagonista* nel senso etimologico del termine: egli non fa niente o quasi niente; è effettivamente un personaggio *a latere*, che si limita a commentare le azioni altrui, intervenendo a spizzichi e a punzecchiamenti, com'è della sua natura; ma è purtuttavia un personaggio di tale evidenza che *La bottega del caffè* vive essenzialmente della sua presenza, che la sua parte è necessariamente quella del primo attore di ogni compagnia che la allestisca, e che nell'Ottocento — sgomberati gli scrupoli del Goldoni — essa venne rappresentata con il titolo de *Il maldicente alla bottega del caffè*. L'anomalia del titolo ripara dunque a questa anomalia goldoniana, ma rende giusto onore alla sostanza della commedia che è ancora in

---

[53] Atto II, scena III, in C. Goldoni, *op. cit.*, vol. II, p. 1072.

larga misura una commedia d'intreccio.

*La bottega del caffè* fu rappresentata la prima volta con Girolamo Medebach nei panni di Don Marzio, Giuseppe Marliani in quelli di Ridolfo; Teodora Medebach fu Placida o Vittoria, e il ruolo di Eugenio fu ricoperto dal Collalto (Pantalone della compagnia, dopo che il Darbes l'aveva lasciata, chiamato a Varsavia al servizio del re di Polonia). La commedia ebbe un immediato successo, con dodici rappresentazioni nel solo autunno del 1750 a Venezia; e questo successo si mantenne vivissimo fino ai giorni nostri, probabilmente superiore ai meriti oggettivi (con la sola nota eccezione del Baretti, anche qui poco propenso a comprendere le ragioni del Goldoni),[54] dovuto in gran parte al fascino che il personaggio di Don Marzio esercita sugli attori. Certamente dispiacerebbe un poco, all'avvocato Goldoni, sapere che al nostro secolo riesce più allettante la ribalda simpatia dell'intrigante e pettegolo Don Marzio che non le savie parole di Ridolfo e l'istruttiva istoria di Eugenio e di Vittoria, di Lelio e di Placida. Ma l'*altro* Goldoni se ne dispiacerebbe certo un po' meno, e comunque non se ne stupirebbe affatto.

LUIGI LUNARI

[54] Cfr. la «Frusta letteraria» del 15 aprile 1764.

# LA FORTUNA DELLA
## «BOTTEGA DEL CAFFÈ»

AMBIENTE, ALLESTIMENTI TEATRALI, CURIOSITÀ

Nella prima stampa veneziana della *Bottega del caffè* (Bettinelli, t. IV, 1753) si legge: «Li 2 Maggio 1750 fu rappresentata per la prima volta in Mantova con fortunatissimo incontro, e fu parecchie volte ivi replicata. Lo stesso avvenne in Milano, e nell'Autunno e Carnovale susseguente fu per dodici volte replicata in Venezia».

Un successo, dunque, tanto più rimarchevole se si pensa all'impegno che Goldoni aveva assunto di produrre per la stagione 1750-51 ben sedici commedie tutte nuove. Ma, a dire il vero, il soggetto nuovo del tutto non era: tra gli intermezzi giovanili gli studiosi ne hanno individuato uno che porta lo stesso titolo; inoltre l'argomento del gioco d'azzardo era stato affrontato in un altro intermezzo del 1733, *Il gondoliere veneziano o gli sdegni amorosi* — e affinità sono pure riscontrabili con *La buona moglie*. Anzi, è lecito perfino ipotizzare una dipendenza da modelli francesi, come *Le Médisant* di Destouches (1715), *Le Méchant* di Gresset (1747), o anche *Le joueur* di Regnard (1696). Per altro verso, non si può dimenticare l'influenza che il Veneziano esercitò su altri commediografi, il più illustre dei quali è il Voltaire di *Le café ou l'Ecossaise* (1750), opera che col titolo di *Scozzese* fu adattata dallo stesso Goldoni ai gusti ed agli umori italiani, sicuramente tenendo conto dell'esperienza maturata con *La bottega del caffè*.[1]

Certo si trattava di argomenti attualissimi, che rispecchiano la società veneziana del Settecento nella quale, accanto alla passione per il gioco (cfr. *infra,* in «Documenti e giudizi critici») coesisteva quella della vita di relazione, avente il suo centro proprio nelle *botteghe da caffè*. Queste si erano moltiplicate a dismisura e, nel 1750, sulla sola Piazza lungo le Procuratie Nuove se ne contavano circa quaranta: numero destinato a crescere con l'andar del tempo, tanto che il Senato, dieci anni più tardi, ne fissava tassativamente il limite massimo a duecentosei, cioè quelle esistenti nelle isole di San Marco, Rialto e contrade adiacenti.

Non stupisce che una commedia così calata nel contesto cittadino abbia avuto anche una stesura in dialetto, con le maschere di Brighella e Arlecchino al posto di Ridolfo e Trappola — che anche in versione italiana conserva tracce arlecchinesche. Inflessioni dialettali forestiere avevano Don Marzio, Vittoria e Lisaura, a meglio sottolineare la venezianità della vicenda attraverso il contrasto linguistico (cfr. in «L'Autore a chi legge»). Senonché non si è conservato il testo di tale versione e quanto qui si riporta è poco più di una congettura.

Se si esclude lo stroncante articolo del Baretti («Frusta letteraria», n. XIV, 15 aprile 1764), la critica si è dimostrata favorevole alla *Bottega del caffè*, che ha sempre in-

---

[1] «Praticai (…) in questa commedia un'altra modificazione necessaria ed essenziale. Frelon era un personaggio che poteva far impressione a Londra e a Parigi, e che non ne avrebbe fatta alcuna in Italia, ove i giornalisti sono rari, e ove la polizia impedisce che siano malevoli. Sostituii questo carattere pressoché sconosciuto con uno di quegli uomini che non hanno nulla da fare, che frequentano i caffè per apprendervi le notizie del giorno, che le spacciano poi a diritto e a rovescio, e non riuscendo a soddisfare né la propria curiosità, né quella degli altri, si vendicano con le menzogne, e non risparmiano né il frizzo né la maldicenza.» (C.G., *Memorie*, a cura di E. Levi, Torino, Einaudi, 1967, Parte II, cap. LXIV, p. 452.)

contrato anche i gusti del pubblico, costantemente rappresentata nell'Ottocento e nel Novecento, magari in vesti vernacolari non veneziane o tramutata in dramma musicale.

Tra le più recenti curiosità relative alla *Bottega del caffè* si può menzionare la innovazione apportata nel finale da Tino Buazzelli con l'edizione del 1979, applaudita dal pubblico ma stigmatizzata dai critici, che hanno parlato di «gratuito supplemento»: la commedia non finisce — come nel testo — con l'allontanamento del ciarliero Don Marzio condannato senz'appello da tutti, bensì con una celebrazione della virtù da parte dell'onesto caffettiere, che esclama un bonario «volemose bene», mentre le coppie, ormai rappacificate, si ricompongono davanti al pubblico. Eppure chi scrive non può non ricordare con simpatia e rimpianto la corpulenta figura di Don Marzio-Buazzelli mentre, sul palcoscenico del Teatro Manzoni di Milano, gioca alla maldicenza in una delle sue ultime, consumatissime interpretazioni.

LE TRADUZIONI

Goldoni è uno dei commediografi più letti e stimati nel mondo. Se fino al 1928 il Maddalena contò ben 600 traduzioni in 28 lingue, dieci anni più tardi esse erano salite a 630 per un totale di 35 lingue.

Abbastanza ben rappresentata all'estero è *La bottega del caffè*, anche se, a paragone del *Burbero benefico* e della *Locandiera*, per citare l'esempio delle opere più tradotte, vi appare meno conosciuta. Si noti pure che, benché i paesi del blocco comunista abbiano provato interesse per la produzione di Goldoni, nei repertori bibliografici consultati (N. MANGINI, *Bibliografia goldoniana,* Venezia-Roma, 1961, Parte II, «Le traduzioni»; *Studi goldoniani,* Quaderno n. 3, Venezia, 1973, pp. 178-187) si è ritrovata solo una versione russa (KOFEJNAIA, in A. N. OSTROVSKIJ, *Opere complete*, Mosca, 1952: traduzione risalente al 1872, che ricompare nei 2 voll. di commedie a cura di A. SMIRNOV, Leningrado-Mosca, 1959). Ma non si dimentichi, su indicazione dello stesso Mangini (*op. cit.*, p. 152) che, oltre alle edizioni da lui enumerate, ne esistono altre in russo e nelle diverse lingue delle repubbliche sovietiche: di esse, però, lo studioso non è riuscito ad ottenere precise indicazioni e perciò non sono state da lui riportate. Comunque, la fondamentale raccolta di A. K. GIVELEGOV, Mosca, 1949, non annovera la nostra commedia. Quasi a compenso di questo fenomeno si ricordano traduzioni in: albanese, ceco, greco, rumeno, polacco, serbo-croato, slovacco, turco, ungherese — anzi, si conosce persino un adattamento per musica in ceco (1955).

Si riportano infine le edizioni in lingue più accessibili al lettore medio italiano, che testimoniano una buona presenza della *Bottega del caffè* anche in aree culturali a noi più vicine:

FRANCESE: *La comédie à Venise*. Introduction et choix de Eugène BOUVY, Paris, La Renaissance du Livre, 1919 (Scene scelte dalla *Bottega del caffè* e da altre opere); *Le café*, contenuto nel vol.: C. GOLDONI-C. GOZZI, *La fine mouche*; *Le café; Le monstre turquin,* trad. di M. ARNAUD, Paris, Mazenod, 1959.

INGLESE: *The coffee-house*. Translated by Henry B. FULLER, New York, S. French Publ., 1925.

SPAGNOLO: *El café* (insieme con *La locandiera*). In *Teatro clásico extranjero*, Barcelona, Hymsa, 1934.

TEDESCO: *Das Kaffeehaus*. Deutsche Bearbeitung von Lola LORME, Wien, Rikola Verlag, 1924; in *Die schönsten Lustspiele*. Übersetzt von Lola LORME, Wien-Leipzig, Hölder-Pichler-Tempsky, 1935 (accanto a: *Il bugiardo, La locandiera, Le baruffe chiozzotte*); in *Lustspiele*. In vier Bänden. In deutsche Übertragung von Lola LORME, unter Mitarbeit von Margarethe SCHELL von NOË, Wien,

Bergland Verlag, 1957 (tale è l'anno di ed. dei primi 2 voll., ma *La bottega del caffè* si trova nel vol. IV, 1959; rist.: Darmstadt, 1959; Berlin, 1960); nota il MANGINI (*op. cit.*, p. 161): «È questa un'edizione che riassume i risultati di circa un quarantennio di appassionato lavoro, inteso a diffondere nei paesi di lingua tedesca i testi goldoniani con gusto artistico ed impegno filologico»; *Das Kaffeehaus*. Commedia musicale da C. G., trad. di Lola LORME, musica di P. BURKHARD, Zürich, 1959; in *Komödien*, trad. di H. RIEDT, München, Winkler, 1965 (in appendice un articolo introduttivo sulla vita e sull'opera di C. G.).

Da ultimo va ricordata una versione in dialetto di Ragusa (Dubrovnik) rappresentata al XXIX Festival di Dubrovnik nel luglio-agosto 1978, con un titolo (*Kafetarija*) riproducente quello italiano (regia di Tomislav Radić, traduzione di Frano Čale). Lo spettacolo risultò tanto più interessante in quanto la vicenda era stata adattata alla vita ragusea nei primi anni del nostro secolo, ai tempi, cioè, del morente Impero asburgico. Particolare notevole: il dialetto di Dubrovnik, ricco di italianismi, si è prestato egregiamente alla trasposizione vuoi geografica vuoi temporale in terra di Dalmazia (cfr. Frano ČALE, «Un Don Marzio raguseo», in quaderno n. 5 di *Studi goldoniani*, Venezia, 1979, pp. 159-162).

C.P.

# DOCUMENTI E GIUDIZI CRITICI

## COMMEDIE GOLDONIANE DEDICATE AL GIOCO D'AZZARDO

Com'è noto i *Mémoires* di Goldoni costituiscono un'inestimabile fonte di notizie circa le sue opere, anche se spesso il critico deve sottoporre a scrupoloso vaglio quanto riferisce il commediografo. A parte questo limite — comune, del resto, a tutte le autobiografie — le *Memorie* sono anche interessanti per la consapevolezza di sé che il drammaturgo dimostra e per le polemiche, sempre bonarie, che qua e là emergono nei confronti dei detrattori. Si veda qui di seguito la pagina dedicata alla *Bottega del caffè* e non sfugga la briosa *boutade* contro le aristoteliche unità di tempo, luogo ed azione:

Avevo attinto questa commedia [*Le femmine puntigliose*] al ceto della nobiltà. Presi invece la seguente dal ceto della borghesia. Era *La bottega del caffè*. Il luogo della scena di questa commedia, che è fisso, merita qualche attenzione. Esso consiste in un quadrivio della città di Venezia. Vi sono di faccia tre botteghe. Quella di mezzo è un caffè, quella a destra è allogata a un parrucchiere, e l'ultima a sinistra ad un uomo che tiene gioco. Vi è poi da una parte una casetta che rimane fra due strade, abitata da una ballerina, e dall'altra una locanda.

Ecco una unità di luogo esattissima; questa volta i rigoristi saranno contentissimi di me; ma saranno poi contenti dell'unità dell'azione? Non troveranno forse che il soggetto di una tale commedia è complicato, divide l'interesse in più direzioni?

Alle persone che faranno simili obiezioni ho l'onore di rispondere che nel titolo di questa commedia non presento una storia, una passione, un carattere; ma una bottega di caffè, ove si svolgono in una sola volta più azioni e dove si trovano parecchie persone mosse da interessi diversi; e se ho avuto la fortuna di riuscire a stabilire una connessione essenziale fra questi oggetti differenti, rendendo gli uni necessari agli altri, credo di aver adempito appieno al mio dovere, superando ancor maggiori difficoltà.

Per ben giudicare bisognerebbe leggere da cima a fondo la commedia, poiché ci sono in essa tanti caratteri quanti personaggi.

Quelli che vi fanno maggior figura sono due giovani sposi: il marito è sregolato, e la moglie, all'opposto, è sottomessa e virtuosa.

Il padrone della bottega del caffè, uomo di garbo, servizievole e officioso, si prende a cuore questa coppia sfortunata, e arriva a corregger l'uno, rendendo l'altra felice e contenta.

Vi è poi un maldicente ciarlone, soggetto veramente comico e originale: uno dei ben noti flagelli dell'umanità. Inquieta tutti, dà noia ai clienti del caffè, luogo della scena, e molesta, più d'ogni altro, i due amici del caffettiere.

Ecco come il malvagio è punito. Per fare un tratto di spirito, egli scopre i raggiri di uno scellerato biscazziere addetto al caffè; onde costui è subito arrestato, e il ciarlone è vilipeso e scacciato con la taccia di delatore.

Questa commedia ebbe un successo fortunatissimo: infatti, all'insieme e al contrasto dei caratteri niente mancava per aver buon incontro presso gli spettatori. Il carattere del maldicente poi si applicava a parecchie persone conosciute. Una di queste si sentì toccata al vivo, e mi fece delle minacce. Si discorreva di spade, di coltelli, di pistole; ma, incuriositi forse di vedere sedici commedie nuove in un anno, mi dettero tempo di ultimarle.

(C.G., *Memorie*, a cura di E. Levi, Torino, Einaudi, 1967, Parte II, cap. VII, pp. 271-272.)


Il buon esito della *Bottega del caffè* aveva indotto Goldoni a sfruttarne sino in fondo l'argomento del gioco, cosa ben comprensibile se si pensa al gravoso impegno che egli si era assunto e, quindi, alla necessità di trovare soggetti che incontrassero il favore del pubblico. Scrisse dunque *Il giocatore*, che non piacque al suo apparire e continuò a non piacere «nella ripresa dell'anno successivo», contrariamente al *Cavaliere di buon gusto*, composto in precedenza, che, dopo un incerto inizio, aveva sfondato in prosieguo di tempo.

La stessa sorte toccò al *Giocatore*, la nona commedia del mio impegno. Ma poiché questa non si rialzò come la precedente, adottai il giudizio del pubblico: commedia caduta senza riserve.

Nella *Bottega del caffè*, terza commedia dell'annata, io avevo felicemente collocato un giocatore, rappresentato dal nuovo Pantalone a viso scoperto in un modo assai piacevole e interessante. Credendo di non avere detto abbastanza su questa sciagurata passione, mi proposi di trattare a fondo la materia; ma il giocatore, che nella *Bottega del caffè* aveva una parte secondaria, la vinse su quello che qui aveva la parte principale.

Bisogna inoltre aggiungere che in quel tempo a Venezia tutti i giochi di fortuna erano permessi. C'era allora quel famoso Ridotto che arricchiva gli uni e rovinava gli altri, ma che attirava i giocatori dalle quattro parti del mondo facendo circolare il denaro.

Mettere alla scoperta le conseguenze di questo pericoloso passatempo e ancor più la malafede di certi giocatori e i sotterfugi dei mediatori del gioco, non era troppo opportuno, e in una città di duecentomila anime alla mia commedia non dovevano mancare i nemici.

La repubblica di Venezia da poco ha proibito i giochi di fortuna, sopprimendo il Ridotto. Certo ci saranno alcuni che si dorranno di questa soppressione; ma, per provarne la saggezza, basti dire che quelli stessi del Maggior Consiglio che amavano il gioco, hanno votato in favore del nuovo decreto.

Io non cerco di scusare la caduta della mia commedia con ragioni estranee. Essa naufragò: dunque era cattiva; e non è poco per me che di sedici commedie essa sia stata la sola caduta.

(C.G., *Memorie, ed. cit.*, Parte II, cap. IX, p. 282.)

### IL GIOCO NEL SETTECENTO

Il socievolissimo Settecento aveva conosciuto una vera e propria passione per il gioco d'azzardo, che costituiva non solo un semplice divertimento, ma anche un'ulteriore occasione per stare insieme, per coltivare relazioni e stringere amicizie galanti — naturalmente con grave pericolo per la gioventù sprovveduta. Ecco, per esempio, come Goldoni racconta di avere trascorso la notte precedente il giorno di discussione della sua tesi di laurea:

Ci siamo appena messi a tavola, io e il mio amico Radi, quando cinque giovinotti entrano nella sala e vogliono cenare con noi. Ben volentieri; siamo serviti; si cena, si ride, e ci abbandoniamo alla voglia di divertirci. Uno dei cinque scolari era un candidato respinto all'esame del professor Arrighi. Egli imprecava contro questo abate, còrso di nascita, e motteggiava sulla barbarie del paese e del regnicolo.

Auguro la buona sera a quei signori. Domani è il giorno del mio dottorato; bisogna andare a dormire. Essi si ridono di me; tirano fuori dalle tasche un mazzo di carte; uno di loro mette degli zecchini sulla tavola; Radi, per primo, fa il suo libretto per puntare; giochiamo, trascorriamo la notte al gioco, e perdiamo, Radi e io, tutto il nostro denaro.

Ecco che giunge il bidello del collegio, portandomi la lunga toga che dovevo indossare. Si sente la campanella dell'università. Bisogna partire, bisogna andare a presentarsi senza aver chiuso occhio e col dispiacere d'aver perduto tempo e denaro.

(C.G., *Memorie, ed. cit.*, Parte I, cap. XXII, p. 102.)

Che l'argomento fosse d'attualità si può comprendere anche da queste altre considerazioni sul gioco, sempre contenute nei *Mémoires*. L'opera che vi si menziona è, per essere più precisi del nostro commediografo, *De la passion du jeu depuis les temps anciens jusqu'à nos jours*, Paris, 1779, scritta dal segretario del Duca d'Orléans Jean Dussaulx (1728-99). Sarà interessante notare, qui come altrove, la mancanza di passione ed il sereno controllo di sé che l'Autore dimostra, la pacatezza, insomma, del suo comportamento anche di fronte a situazioni coinvolgenti e difficili.

...apparve un libro del signor du Saulx, intitolato *De la passion du jeu*. È un trattato compiuto che abbraccia la morale, la polizia, la politica. È un libro classico che mancava alla raccolta delle opere utili alla società, e io non dubito ch'esso abbia contribuito alla soppressione dei giochi pericolosi.

Il signor du Saulx non tralascia di criticare, per quanto leggermente, i giochi che si chiamano di società; non intende proscriverli, ma consiglia di moderarli.

Pare che i piccoli giochi siano divenuti necessari. Non si può passare una sera senza far nulla. Dopo le notizie del giorno, dopo la maldicenza a spese del prossimo e anche degli amici, bisogna per forza ricorrere al gioco.

È un passatempo onesto, un'occupazione piacevole, ma non tutti si divertono alla stessa maniera; ciò dipende dalla differenza dei temperamenti. Ci sono delle persone mitissime, cortesissime, estremamente piacevoli che cambiano di tono, di carattere e financo di fisionomia a un tavolo da gioco.

Un uomo generoso qualche volta va in furia per una perdita modesta; non per la perdita del denaro, egli dice, ma per amor proprio. Sarà; ma gioco anch'io e sono sincero; preferisco vincere sei franchi che perderli. Registro esattamente le perdite e le vincite e sono ben lieto quando alla fine del mese il conto segna qualche scudo di guadagno.

Non è il mio amor proprio ad esser lusingato in quel momento; ma un luigi di più o di meno nella mia piccola borsa fa una piccola differenza, che si risolve in un piccolo piacere o in un piccolo dispiacere. Parlo di me, nessuno può prendere per sé ciò che io dico e penso.

Non c'è impegno più spinoso per una padrona di casa di quello di combinare le partite, in modo che l'amor proprio degli uni non offenda l'amor proprio degli altri.

Ma, indipendentemente dalle varie debolezze di carattere che ragionevolmente si devono perdonare, ancor più temibili sono gli effetti di certe antipatie che al gioco sorgono più che in altre circostanze. Che un giocatore preferisca perdere con una bella signora anziché con me, si capisce; ma che questo stesso giocatore l'abbia con me piuttosto che con un altro, questo mi farebbe arrabbiare, se fossi capace di arrabbiarmi; eppure è cosa di tutti i giorni: un uomo saggio fa le viste di non accorgersene.

Le padrone di casa devono mettersi al corrente delle simpatie e delle antipatie che regnano nelle loro conversazioni, devono conoscere i loro giocatori e assortirli abilmente.

Domando scusa alle signore che devono saperne ben più di me; ma ho un altro consiglio da dar loro: non devono cominciare la loro propria partita, lasciando che gli altri si combinino come possono. Questo è già accaduto più di una volta sotto i miei occhi, e sono stato testimone delle lamentele di coloro che si credevano mal collocati.

(C.G., *Memorie, ed.cit.*, Parte III, cap. XXV, pp. 548-550).

## IL CONTE LUDOVICO WIDIMAN «ATTOR COMICO»

Il Settecento, oltre al gioco d'azzardo, conobbe un'altra passione — certo assai meno grave — ma forse altrettanto trascinante: il *Teatro*! Né si deve credere che ci si accontentasse di rimanere spettatori, giacché il fascino del palcoscenico coinvolgeva un po' tutti, compresi i più autorevoli personaggi come il conte Ludovico Widiman, cui Goldoni aveva dedicato la *Bottega del caffè* e, più tardi, il poemetto *Esopo alla grata* (1755) nonché alcuni versi del *Pellegrino* (1763-64). La cosa può oggi stupirci se si pensa che la ricca famiglia Widiman, iscritta nel *Libro d'oro* della nobiltà veneziana al principio della guerra di Candia (1646) per avere donato alla Repubblica centomila ducati d'oro, figurava tra le più reputate del tempo, senza considerare che la moglie del conte, una Rezzonico, era nipote di Clemente XIII. Goldoni, in villeggiatura a Bagnoli (Padova) nel 1754, era stato indotto dall'illustre protettore a partecipare ad una recita insieme con lui nel patetico ruolo dell'amoroso: Sua Eccellenza, invece, vestiva i multicolori panni di Arlecchino, imitando, pare con successo, la bravura del più abile interprete di quella maschera, il Sacchi. Si riporta l'episodio di cui si fa menzione dai *Mémoires*.

Contento del successo del mio *Terenzio*, tornai a Venezia e andai a passare il resto dell'estate a Bagnoli, magnifica terra del distretto di Padova, che appartiene al conte Widiman, nobile veneziano e feudatario negli Stati imperiali.

Questo signore, ricco e generoso, conduceva sempre con sé una compagnia numerosa e scelta. Là si recitava la commedia; vi recitava lui stesso, e, nonostante la sua serietà, non vi era un Arlecchino più gaio, più vispo di lui. Studioso del Sacchi, lo imitava alla perfezione.

Io fornivo dei piccoli canovacci; ma non avevo mai osato recitarvi. Alcune signore della compagnia mi obbligarono ad assumere una parte d'amoroso; io le accontentai, ed esse trovarono di che ridere e di che divertirsi a mie spese.

Un po' indispettito, abbozzai il giorno dopo una commedia intitolata *La fiera*, e in luogo d'una parte per me, ne feci quattro: un ciarlatano, un prestigiatore, un direttore di spettacoli e un venditore di canzoni.

Nei tre primi personaggi contraffacevo i giocolieri di piazza San Marco, e, sotto la maschera del quarto, spacciavo strofette allegoriche e critiche, terminando con le lamentele dell'autore sullo spasso che si erano preso per lui.

Il tratto di spirito fu trovato felice, ed eccomi vendicato a mio modo.

Alla fine di settembre lasciai la compagnia di Bagnoli e mi recai in patria per assistere all'apertura del mio teatro.

(C.G., *Memorie, ed.cit.*, Parte II, cap. XXVI, p. 358.)

### LA STRONCATURA DEL BARETTI

Un'autorevole ma scontata stroncatura della *Bottega del caffè* è quella di Giuseppe Baretti (1719-1789), che dalle pagine della sua «Frusta letteraria» (n. XIV, 15 aprile 1764) non le risparmiò parole di fuoco — oltre a tutt'una serie di rilievi in parte talora accettabili. Ma certo Aristarco Scannabue — tale è lo pseudonimo dell'Autore —, principale artefice del periodico quindicinale che uscì a Venezia dal 1° ottobre 1763 al 15 gennaio 1765,[1] si dimostra troppo suscettibile e animoso verso Goldoni. Singola-

[1] Gli ultimi otto numeri (19 aprile-15 luglio 1765) furono editi ad Ancona poiché il governo della Repubblica ne aveva proibita la stampa sul suo territorio.

re, poi, la sua convinzione secondo cui protagonista non sarebbe Don Marzio — ritenuto personaggio secondario! — ma Ridolfo.

Data l'importanza documentaria del brano, si crede opportuno riportarne ampio stralcio, così da permetterne il raffronto con i più recenti giudizi novecenteschi, che ribaltano le prospettive barettiane e ne segnano i profondi limiti.

...non occorre avere il dono delle sibille per indovinare quale sarà la sorte di questa *Bottega del caffè*, e di quindici altre commedie, che il poco accorto Goldoni si vanta d'aver tutte composte nel breve spazio di dodici mesi. Se a quell'intemperato calore di fantasia, che lo rende rimarchevole fra gli scrittori moderni, egli avesse congiunto bastevole discernimento, o non si sarebbe lasciato portar via da quell'intemperato calore a scrivere sedici commedie in un anno, o non si sarebbe mai né in voce né in iscritto dato un vanto, che ben può renderlo ammirabile all'ignorante volgo, ma che deve necessariamente renderlo ridicolo nell'opinione di coloro, i quali da Orazio, e più dalla ragione, sono stati informati che le nostre produzioni mentali è duopo sieno molto bene maturate, se vogliamo avere qualche mezzana probabilità della loro ostinata resistenza contro il dente della critica e contro la ruggine dei secoli. [...]

E che questa *Bottega del caffè* sia proprio una di quelle del Goldoni abborracciata alla sciamannata, me lo provano tre cose. Me lo prova l'intreccio suo, cavato in parte dalla povera circostanza di tre botteghe, una locanda e un alloggio di ballerina, tutto in vicinanza; e in parte cavato da un romanzesco e inverisimile accidente, cioè quello dell'arrivo d'una pellegrina, che non sa se il suo marito sia in Venezia, in Costantinopoli, o nel Perù, e tuttavia ne va in traccia. Il Goldoni verrà egli a dirmi che questo accidente sia «preparato e cavato a poco a poco dal suo soggetto»? La seconda cosa, che senza l'aiuto dell'autore m'avrebbe subito mostrato che questa commedia fu fatta in pochi giorni, anzi in poche ore, sono i suoi caratteri, che in parte sono meschini, e in parte stravaganti e falsi e di cattivissimo esempio, come or ora vedremo. E la terza cosa finalmente è la barbarie della lingua, e lo stile senza la minima lindura e senza la minima energia. [...]

Gl'interlocutori dunque di questa sua *Bottega del caffè* sono tredici, ma i caratteri, o per meglio dire quelli che l'autore ha inteso di rappresentare come caratteri, non sono tanti, e si possono ridurre a cinque: cioè Ridolfo caffettiere, Eugenio mercante, Leandro baro da carte, Don Marzio maldicente, e il biscazziere Pandolfo truffatore. [...]

Il protagonista dunque, o sia il principal carattere di questa commedia è Ridolfo. Questo Ridolfo, stato un pezzo servidore in casa del padre d'Eugenio, avendo in qualche anno di servigio avanzato qualche soldo, ha voluto finalmente mutar mestiero e s'è messo a tener bottega di caffè. Non si può dire il numero delle qualità che il Goldoni ha accumulato in questo Ridolfo. Ridolfo sputa sentenze e documenti intorno al tener bottega di caffè con Trappola suo garzone. [...]

Ora, domando io, chi è colui che, leggendo qui il carattere di questo suo protagonista, raccolto tutto insieme e privo di tutto quell'aiuto che la ruffiana scena gli somministrava nella rappresentazione, chi è colui che non veda che il carattere di questo Ridolfo è un pasticcio fatto di cose diverse e incompatibili una con l'altra? [...]

E questo vostro Eugenio, signor Goldoni, è egli un carattere universale? un carattere naturale, o umano come voi dite? Diventano dunque i mercanti universalmente e naturalmente matti d'allegrezza, quando guadagnano sei zecchini, subito dopo d'aver perduti tutti i danari che avevano in contanti e quando non resta loro più un soldo in tasca? [...]

I tre seguenti caratteri di don Marzio, di Leandro e di Pandolfo, non avendo tanta parte nella commedia quanto i due principali eroi Ridolfo ed Eugenio, non sono per necessaria conseguenza così spropositati come que' due, perché pochi spropositi può dire chi ha poco da dire. [...]

A che perderò io più il tempo criticando un don Marzio che ingiuria tutti, che offende tutti, che dice mal di tutti, e che di tre che offende, non ne trova pur uno che gli dia un biscottino sul naso, quantunque sieno tre bravacci atti a menar la durlindana di taglio e di punta? Eh ch'io non critico un don Marzio goldoniano, che fa ridere a scoppiapetto l'udienza perché guarda ogni cosa coll'occhialino! Io non critico un don Marzio, che, sentendo parlare in istrada d'una porta di dietro, scappa dal rasoio del barbiere che gli ha già sbarbata una guancia, per andar a far ridere l'udienza col mostrarle l'altra guancia insaponata! Rida pure la plebaglia di queste facetissime facezie, che Aristarco sta saldo, e non ride né dell'occhialino, né della saponata. Aristarco ride di quella plebaglia e del poeta che la fa ridere colla saponata e coll'occhialino. [...]

Qual è poi la morale che si può ricavare dal sentire o dal leggere questa brutta farsaccia? [...] Don Marzio è veramente obbligato a tornar a Napoli mortificato; ma perché? forse per essere un maldicente? forse per essere un insolente che maltratta e che offende il prossimo? No, no. Egli torna a Napoli mortificato perché ha scoperto che un briccone è un briccone. [...] Che bella morale! Leandro che ha barato i zecchini al gonzo mercante, se li tiene col buon pro; e dopo d'aver detto arditamente a don Marzio che il «far la spia è azion da briccone», senza ricordarsi che il far da baro non è cosa da santo, se ne torna in santa pace al suo Torino con la savia pellegrina. Che bella morale! [...] Oh gloriosa Italia, i bei Molieri che vai producendo!

(Ed. consultata: a cura di Luigi Piccioni, Bari, Laterza, 1932, voll. 2; vol. I, pp. 369-381.)

### DON MARZIO PROTAGONISTA

A riprova delle nuove prospettive di lettura ecco quanto dice Edmondo Rho, che non a torto individua il centro della commedia nella figura di Don Marzio, facendone in certo senso il protagonista della vicenda:

Lo stesso destino [di Lelio, nel *Bugiardo*] toccherà al suo maggior fratello, Don Marzio della *Bottega del caffè*. Neanche *La bottega del caffè* è commedia d'ambiente, come parrebbe dal titolo, perché la bottega del caffè è Don Marzio, il quale ne incarna la pettegola maldicenza; egli è lo sfaccendato, che passa le sue giornate a seguire lo svolgersi della vita dal comodo osservatorio del tavolino sulla strada attraverso il suo occhialetto deformatore, fra notizie sussurrate misteriosamente, insinuazioni, frizzi, sorrisi maliziosi, e tutti irretisce nella sua seduzione, sia che li faccia obliosi delle loro passioni, sia che le ecciti in vario modo sfigurando ogni avvenimento. Questo piccolo mondo è ancora quello delle prime opere goldoniane (il giocatore fanatico Eugenio, invano conteso dalla patetica moglie, come Pasqualino della *Buona moglie*, e dal moralista caffettiere, la ballerina, il baro, il biscazziere, la pellegrina) attenuato però nell'ipocrita velatura pudica del decoro settecentesco, nell'equivoco dell'incerta atmosfera, ove l'onestà può restare materia opinabile. Ma esso ci appare attraverso il bilioso misantropo Don Marzio, ricercatore dell'ascoso marciume. Incapace di credere al bene, interpreta, deduce, ricostruisce, crea, cupo romanziere, inconfutabile, poiché, volubile e testardo, ignora ragione e verità, chiuso nelle sue momentanee fissazioni. Primo grande personaggio goldoniano egli è l'eroe della fantasia come Lelio, il lirico della maldicenza, e al ritmo sbrigliato delle spiritose invenzioni corrisponde il crosciare delle chiacchiere. Quando la società della piazzetta si schiera contro di lui con un coretto finale di apostrofi simile a quello che insegue Lelio, anche Don Marzio smarrito protesta la sua innocenza, sinceramente, perché, vittima della sua mania, egli, non calunniatore né tantomeno sicofante, crede alle sue favole, convinto di esser solamente la tromba della comunità, lo specchio dell'altrui corruzione, e non comprende che può mantenersi tale solo finché commenta in sordina, ma, dopo che ha fatto scoppiare lo scandalo e ha messo in mano ai birri il baro, è diventato il nemico dell'omertà sociale. Intorno la vita si compone di splendidi quadri, dall'aria sonnacchiosa del mattino, quando le brume svaniscono pigramente nel tepido sole, fino al crepuscolo di Don Marzio, rimasto solo sulla deserta piazzetta, dinanzi alle finestre ostilmente serrate.

(E. Rho, «Carlo Goldoni», in *Letteratura Italiana. I Maggiori*, 2 voll., Milano, Marzorati, 1969, vol. I, pp. 506-507.)

## «LA BOTTEGA DEL CAFFÈ» COMMEDIA D'AMBIENTE

Commedia d'ambiente è e rimane *La bottega del caffè* per Attilio Momigliano, il quale, però, in armonia con la critica novecentesca, individua in quell'ambiente che la scena ci offre un protagonista — comico e drammatico al tempo stesso —: *Don Marzio*. Nella storia della produzione goldoniana l'evento è significativo, poiché già con questa opera Goldoni si dimostra capace di dipingere magistralmente dei *personaggi*, di creare dei *caratteri*.

Quest'incertezza artistica [dovuta alla frammentarietà delle opere precedenti], orientata però sempre verso la rappresentazione dell'ambiente, dura fino alla *Bottega del caffè*, una delle sedici commedie scritte dal Goldoni nel 1750 per riguadagnarsi il pubblico che in quell'anno pareva stanco della sua opera. Qui, come poi nel *Campiello* e nel *Ventaglio*, l'ispirazione move dalla visione della scena. È l'ambiente che genera, colorisce, guida gli intrighi e i pettegolezzi dell'azione: caffè, campiello e piazzetta sono insieme il motivo pittoresco e psicologico di queste tre opere. Una straordinaria mobilità ed evidenza di fantasia combina gli episodi, le entrate e le uscite dei personaggi in modo da rievocar senza posa la topografia e il colore dei luoghi; una singolare armonia di concezione regola la condotta dell'azione in modo che essa sembra nascere continuamente dall'ambiente vizioso e ozioso di una bottega di caffè, dall'ambiente pettegolo di un campiello e di una piazzetta. Sembra che dal caffè spiri un'aria di equivoco e di vizio, dal campiello e dalla piazzetta un'aria di pettegolezzo, di chiacchiericcio, di effimero litigio. Il protagonista della *Bottega del caffè*, don Marzio, è piantato con una risoluta sicurezza nel centro di quell'ambiente, fra una barberia una bisca una locanda e la casa di una ballerina, a braccar notizie e scandali. Il tono generale della commedia è mantenuto con difficile misura sui confini fra l'opera buffa e il dramma, e sembra suggerito insieme dal protagonista — pettegolo in apparenza, cinico e brutale nel fondo —, e dall'ambiente — in apparenza vivace per la mutabilità degli intrighi e delle sorprese, in realtà serio per quel fermento di vizi e di miserie che vi brulica dentro. La superficie della commedia è rappresentata da quel grande motivo d'opera buffa che la fantasia fertile e triviale di don Marzio trova per rappresentare l'immaginario affluire di clienti nella casa della ballerina: «Flusso e riflusso per la porta di dietro». Il fondo, dalla mostruosa rapidità inventiva di don Marzio, da quel ghigno di vizioso e di ozioso con cui spaccia le sue calunnie, dalla vigliaccheria con cui sfugge alle conseguenze della sua maldicenza; e si riassume nella scena 23ª dell'atto II quando, durante il parapiglia che succede fra Placida e Vittoria che sorprendono i mariti per le ciarle di don Marzio, egli esce pian piano dagli stanzini della bisca e se la svigna dicendo: «Rumores fuge». Caricando le tinte scure, avremmo una commedia realistica; caricando quelle luminose, una commedia ilare, leggera: il carattere della *Bottega del caffè* è questa comicità rapida, mutevole, contornata di, ombre e — nelle scene culminanti — sbalzata con un'evidenza di trovate che annuncia, dietro il pittore d'ambienti che già conoscevamo, il creatore di caratteri. Ma già in questa conquista si afferma che il Goldoni sarà geniale pittore di personaggi quasi soltanto nella sfera della comicità grottesca e graziosa. Le battute che illuminano don Marzio e sembrano delinearlo come per incanto dinanzi ai nostri occhi,

3.

sono dello stesso genere di quelle che dipingeranno i *rusteghi* e sior Todaro.

(A. Momigliano, *Storia della letteratura italiana dalle origini ai nostri giorni*, Milano - Messina, Principato, 1966[8], pp. 333-334.)

I PERSONAGGI E L'AMBIENTE

Personaggi che danno tono all'ambiente e non viceversa, linguaggio perfettamente adeguato alle situazioni nelle sue valenze dialettali anche quando la commedia sia scritta in italiano, gioco teatrale mai prevaricatore nei confronti del motivo umano sono i capisaldi della riflessione di Ettore Caccia a proposito della *Bottega del caffè*. Siamo lontani dall'accusa barettiana contro la «ruffiana scena», perché le opere di Goldoni sembrano reggere bene anche alle semplici lettura e rilettura, che ci predispongono a meglio coglierne i valori e ad apprezzarne l'*humanitas* garbata.

Le dichiarazioni di poetica trovano poi conforto nell'opera che l'autore ha realizzato: proprio qui abbiamo la prova di quelle che potrebbero sembrare astratte affermazioni. Terminata la lettura di una commedia, possiamo rileggerla con lieta sorpresa quando già ne conosciamo compiutamente l'intreccio: l'intreccio ci appare un elemento marginale nell'opera goldoniana, la descrizione d'ambiente ci sembra serva a dar colore ad un disegno che già si è nitidamente delineato attraverso il rilievo dei caratteri: nel caffè di Ridolfo, ad esempio, vivono di vita immortale le mediocri figure — e innanzi tutto don Marzio — di quella borghesia tra virtuosa, viziosa e ridicola che nel caffè stesso ha un'occasione di incontro, un'occasione, oserei dire, offerta dalla storia, ma non una occasione di vita: tale sarebbe (e tale la ritroviamo) anche nel salotto del cittadino e nella villa del Terraglio o nelle vie della città o nei *campielli*, le piazze di Venezia. L'azione stessa è legata alla possibilità e all'ampiezza del teatro, troppo grande quando fu il San Luca. La scena per tradizione non aveva grande importanza: nei canovacci della commedia a braccia del museo Correr, a differenza di quanto era in uso a Napoli, la scena era sempre fissa ad esempio, si mutava più volte solo quando l'autore voleva interessare maggiormente gli spettatori: gioco del virtuoso insomma, non necessità del poeta. (pp. 24-25).

Questo linguaggio del servo [non «viscido e burocratico» né «tronfio e altisonante» né, tanto meno, «bassamente plebeo e persino gergale»] si presta anche al Goldoni per dare il tocco folcloristico di colore: prova dell'interesse sopra tutto teatrale per cui veniva creato. Colorito locale è nel linguaggio di Ludro, come nel gergo stesso dei gondolieri, o in quel «far di balla» del servo Trappola (ne *La bottega del caffè*) che è proprio della regione lombarda e ben si ambienterebbe — non importa se pel Goldoni la scena è a Venezia — in quella città ove i caffè ebbero presta fortuna.

Il servo è utile al gioco teatrale, anche e particolarmente perché al personaggio l'autore affida i lazzi di dubbio gusto, gli equivoci un poco scabrosi di parola, il gioco comico della storditaggine più scipita: la tradizione tutta insomma che egli, sia pure con garbate modificazioni [...] accoglie dalla Commedia dell'Arte.» (pp. 104-105).

Ne *La bottega del caffè* il gioco teatrale ha la sua gran parte, ma non a danno del motivo umano: l'autore de *La putta onorata* si è assai scaltrito nel suo esercizio. Don Marzio è il pettegolo che porta la maschera comica, con i lineamenti accentuati sino al grottesco: come nella scena dell'orologio. E la sua cultura è in funzione della sua comicità: «Rumores fuge...». Pantalone non può aver parte nella commedia: se ne avverte un'eco soltanto nella mercantile prudenza di Ridolfo, che preferisce il guadagno sicuro della sua bottega agli incerti anche se allettanti guadagni del gioco, o nella spensieratezza di Eugenio, che anche nella prima stesura doveva esser quasi una specie di *cortesan* veneziano: ma quanto diverso dalla viva giovialità di Momolo, quanto mutato da quello! (pp. 172-173).

(E. Caccia, *Carattere e caratteri nella commedia del G.*, Venezia-Roma, Istituto per la collaborazione culturale, 1959, *passim*.)

È interessante riportare da ultimo in questa breve carrellata di giudizi quanto scrive Franco Fido, avvertendo col critico che molte delle commedie goldoniane oggi ancor vive si iscrivono in uno «spazio fra *vraisemblance* e *vérité* intese in un senso che non è più esattamente quello di Boileau o di Corneille, cioè fra un criterio di normalità psicologica e sociale a cui Goldoni non può rinunciare, e lo spettacolo d'una condotta irragionevole ma pur frequente che egli non intende ignorare»: l'Autore, piuttosto, tenta di conciliare i due termini, avvicinandosi in prosieguo di tempo alle posizioni di Diderot o di Lessing. A parte tale modernità, il rilievo è tanto più interessante per una commedia come *La bottega del caffè* dal momento che permette di studiare «la dialettica di verosimiglianza e verità all'interno d'uno stesso costume», offrendo il vantaggio di verificare in concreto il rapporto tra il drammaturgo e le sue fonti.

Il contrasto fra amore e gioco torna [dopo l'intermezzo per musica del 1732 *I sdegni amorosi tra Bettina putta de campielo e Buleghin barcariol venezian*], con un'insistenza sottolineata più tardi dallo stesso Goldoni, in due delle sedici commedie, *La bottega del caffé* e *Il giuocatore* [...]

*Traiter la matière à fond*: cioè sfruttar meglio in termini di Teatro i ricchi suggerimenti del Mondo, i propri ricordi ed esperienze di giocatore. Il senso dovrebbe essere questo, se crediamo a un luogo delle *Memorie italiane* dove l'autore descrive il suo imbarazzo per la perdita subita al gioco alla vigilia della laurea padovana [...]. In realtà l'origine autobiografica dell'episodio [del pegno di un anello per pagarsi il viaggio di ritorno a Venezia dopo la perdita], non ribadita del resto nei *Mémoires*, è per lo meno contestabile. Non solo lo stesso espediente adottato da Florindo era già in germe neil'intermezzo del 1732 («Ho perso i bezzi, el bollo, e l'arecordo. / Tutto ho ziogà»: *Il gondoliere veneziano*, II, 2); e poi pienamente svolto, nella *Bottega del caffè* (gli orecchini di Vittoria dati in pegno da Eugenio a Don Marzio per dieci zecchini: I, 8 e 18; II, 4), ma esso trova un riscontro abbastanza preciso nel *Joueur* di Regnard, che il Goldoni non cita nei *Mémoires*, ma che fu indubbiamente il modello del *Giuoca-tore*. [...] Di fatto, l'esempio del *Joueur* agì non solo sul *Giuoca-tore*, ma anche sulla *Bottega del caffè*, e anzi delle due comme-die del 1750-51 quella che in un certo senso reca le tracce più fre-sche d'una lettura di Regnard è proprio *La bottega del caffè*, che fu scritta prima.

Fin dall'inizio, il contegno del giocatore che entra in scena do-po una notte sfortunata al tavoliere è lo stesso in Valère (*en désordre, comme un homme qui a joué toute la nuit: Le joueur*, I, 4) e in Eugenio (*vestito da notte e stralunato: La bottega del caffè*, I, 7). Entrambi chiedono che ore sono, poi Valère doman-da con impazienza la veste da camera, dimentica di infilarla mentre il servitore lo insegue tenendogliela spiegata dietro, e poi si adira che non gli sia stata portata subito («Hé bien! Me faudrat-il attendre encor longtemps?»); Eugenio ordina un caffè, lo rimanda indietro, poi si sdegna di non essere servito («Sono tre ore che domando caffè, e ancora non l'avete fat-to?»). Ma più che queste coincidenze e altre, di personaggi (il falso *marquis* e il falso conte) o di stile (il famoso «flusso e ri-flusso» per la porta di dietro di Don Marzio, e la formula di Nérine nel *Joueur*, I, 2: «Son feu pour Angélique, est un flux et reflux»), ci sembra contare l'affinità di carattere fra Valère e Eugenio, e precisamente il fatto che né l'uno né l'altro è un vero giocatore-tipo, nel senso in cui Arpagone è un avaro-tipo. En-trambi restano invece dei dilettanti un po' discoli, attratti dal gioco come da un facile mezzo per far quattrini, ma anche da al-tri piaceri. Valère frequenta luoghi «Où de jeu et d'amour on tient boutique ouverte» (I, 2), e dalla lista dei suoi debiti sappia-mo che mantiene un'amante, Margot (III, 4); Eugenio cerca di far la corte alla ballerina Lisaura (I, 12), si interessa alla pellegri-na (I, 14), e ritiene che «l'allegria non è perfetta quando manca la donnetta» (II, 15). In altre parole, se volessimo applicare ai due personaggi la distinzione usata dal Goldoni a proposito de-gli *Innamorati*, potremmo dire che in loro la *vraisemblance* non è sacrificata alla *vérité*, tanto è vero che il ravvedimento di Euge-nio alla fine della *Bottega del caffè* — pur allontanandosi dal fi-nale più coerente e molierescamente severo del *Joueur*, per ob-bedire alla solita convenzione del lieto fine — non risulta più sorprendente, o meno convincente, di altre ottimistiche conclu-sioni goldoniane.

(F. Fido, «La poetica del gioco fra *vraisemblance* e *vérité*», in *Guida a Goldoni. Teatro e società nel Settecen-to*, Torino, Einaudi (PBE), 1977, pp. 94-97.)

# NOTA BIBLIOGRAFICA

*a) «La bottega del caffè» nelle edizioni del Settecento*

Dalla *Nota storica* contenuta in *Commedie di C. G.*, Venezia, MDCCCCIX, vol. IV, p. 298, si riporta testualmente: «Questa commedia fu stampata nel 1753 quasi contemporaneamente dal Bettinelli di Venezia, t. IV, e dal Paperini di Firenze, t. I: seguiti l'anno stesso dal Pisarri, IV, e dal Corciolani, IV, di Bologna, e dal Gavelli di Pesaro, I. Fu poi ristampata nel I t. delle edd. Fantino-Olzati (Torino '56) Pasquali (Ven. '61) Savioli (Ven. '70) Guibert-Orgeas (Tor. '72) Masi, Bonsignori; nel IV delle edd. Zatta (Ven. '89, cl. 1.a) e Garbo (Ven. '94) ecc. Qualche volta nell'indice dei volumi si legge col titolo *la Bottega da caffè*; ma il titolo popolare per le rappresentazioni fu quasi sempre *Il Maldicente alla Bottega del caffè*». Si avverte che la ristampa veneziana in questione, condotta sul testo del Pasquali, reca in nota le *varianti* rispetto alle altre edizioni settecentesche.

*b) Edizioni novecentesche della «Bottega del caffè»*

Diamo qui di seguito l'elenco completo delle edizioni della *Bottega del caffè* dal 1907 al 1957 come si desume da N. MANGINI, *Bibliografia goldoniana*, Venezia-Roma, 1961 («Opere scelte», pp. 77-94; «Opere singole», pp. 95-126) e dal quaderno n. 3 degli *Studi goldoniani* edito dalla «Casa di Goldoni», Venezia, 1973 (pp. 166-177), recante — sempre a cura del prof. MANGINI — le edizioni della commedia uscite nel decennio 1958-1967.

Non sarà privo d'interesse ricordare che il quaderno n. 4, Venezia, 1976, riporta l'indice analitico della *Bibliografia goldoniana* comparsa sulle precedenti pubblicazioni (quaderno n. 1, *La Critica*; n. 2, *Gli Spettacoli*; n. 3, *Le Edizioni e le Traduzioni*). Infine i quaderni n. 5, Venezia, 1979 e n. 6, Venezia, 1982 contengono un aggiornamento bibliografico: rispettivamente il n. 5 (pp. 182-213) della *Critica* ed il n. 6 (pp. 211-251) degli *Spettacoli*.

Così come avviene per altre commedie goldoniane (cfr. *Le baruffe chiozzotte*, Milano, Rizzoli [BUR], 1978, p. 76 e *Arlecchino servitore di due padroni*, Milano, Rizzoli [BUR], 1979, p. 70) l'opera in esame ha trovato spazio nelle raccolte antologiche, spesso ridotta a poche scene o riportata in funzione del personaggio più caratteristico, Don Marzio, piuttosto che come pezzo singolo, da godersi nella sua integrale individualità. Né può sfuggire dall'esame delle edizioni qui di seguito riportate quanto essa sia stata utilizzata dalla scuola, che ha intuito il valore emblematico del suo impianto di *commedia d'ambiente* o *collettiva* (cfr., per la definizione, la prefazione alle *Avventure della villeggiatura*, in *Trilogia della villeggiatura*, Milano, Rizzoli (BUR), 1982, pp. 168-169), tale da permettere ai giovani di accostarsi con profitto al variegato mondo goldoniano — a un mondo, cioè, che, oltre a vivere di personaggi singoli, conosce la coralità dell'insieme e la poetica ricostruzione di tutta una società, campiello o borgo che siano.

*Don Marzio maldicente alla bottega del caffè*. Riduzione per soli uomini di G.F. Sta con *Dopo una sbornia*, scherzo comico in un atto, Roma, Libreria Salesiana, 1908, rist.: 1921. — Venezia, Officine Grafiche Venete, 1909

(Commedie di C. G., Bibl. dell'Adriatico n. 10). — Con introduzione e commento di E. ALLODOLI, Palermo, Sandron, 1924 (rist.: 1934). — Con prefazione e note di C. PULCINI, Lanciano, Carabba, 1924 (Collez. classici italiani e stranieri; rist.: 1925). — Con introduzione e note di G. VITALI, Livorno, Giusti, 1924 (Bibl. di classici italiani commentati per le scuole). — Introduzione e commento di G. DALL'OGLIO, Bologna, Cappelli, 1924 (Classici nostri; rist.: 1954). — Commedia ridotta e annotata per le scuole da E. LAZZERINI, Roma, Ed. Dante Alighieri, 1925 (rist.: 1927). — Con una vita di G., un saggio sul teatro goldoniano e un esame della commedia. A cura di E. LEVI, Milano, Sonzogno, 1925 (Collez. scolastica di classici italiani e stranieri). — Con introduzione e note di R. MAGGI, Napoli, Rondinella e Loffredo, 1925 (Collez. di testi commentati per le scuole; rist.: 1930). — A cura di M. OLIVIERI, Napoli, Perrella, 1925 (Bibl. di classici italiani). — Commedia annotata per le scuole da G. LIPPARINI, Milano, Signorelli, 1928 (rist.: 1933, 1951, 1956). — Con introduzione di A. AVANCINI, Milano, Vallardi, 1934 (Collana di cultura classica; rist.: 1955). — Con introduzione e commento di A. MICHIELI, Napoli, Perrella, 1935. — Introduzione e note di G. GIAFAGLIONE, Milano, Trevisini, 1936. — Con introduzione e commento di E. RHO, Firenze, Vallecchi, 1936 (Bibl. di classici italiani; rist.: 1949). — A cura di P. COLOMBO, Palermo, Andò, 1939 (rist.: 1964). — A cura di G. GOVONE. Litografie di A. GNECCHI, Milano, La Libra, 1942 (ed. di 203 esemplari numerati). — A cura di G. DI STEFANO, Palermo, Palumbo, 1953 (rist.: 1962). — Con introduzione e commento di A. MICHIELI, Torino, SEI, 1953 (rist.: 1954). — Introduzione e commento a cura di G. VITALI. Nuova edizione ricomposta, Firenze, La Nuova Italia, 1953 (Scrittori italiani; rist.: 1957; 1958). — A cura di P. LECALDANO, Milano, Rizzoli (BUR), 1958. — A cura di G. BARBERI SQUAROTTI, Torino, Petrini, 1959 (Collez. scolastica di classici italiani; con un'essenziale antologia della critica). — Con introduzione e commento di L. Corsi, Modica, Gugnali, 1962. — Saggio e note di G. Tramice, Napoli, Istituto Editoriale del Mezzogiorno, 1964 (rist.: 1966). — A cura di G. Davico Bonino, Torino, Einaudi, 1966 (Collez. di teatro, 91).

C. G. Letture scelte e annotate ad uso delle r. scuole normali da E. Dal Bo, Firenze, Bemporad, 1908 (Antologia della Letteratura Italiana, XXVI). — *Commedie scelte.* Pubblicate per cura di R. Nocchi, Firenze, Le Monnier, 1910 (Bibl. nazionale economica). Si tratta della ristampa di una fortunata edizione che risale al 1856. Ristampe successive: 1912, 1918, 1923, 1925, 1933, 1934, 1935. — *Le opere di C. G.* Scelte e illustrate per le Scuole medie da A. Momigliano, Napoli, Perrella, 1914 (scene dalla *Bottega del caffè* figurano nella sez. «Il G. principiante» e in quella «Macchiette, maschere, caratteri, scene» con riferimento al tipo del maldicente). — *Commedie scelte.* Con i giudizi dell'Autore intorno alle commedie stesse, 4 voll., Milano, Istituto Editoriale Italiano, s.a. [1916] (Classici italiani, serie I, nn. 11-12-13-14), vol. I. — *Commedie scelte*, 5 voll., Milano, Sonzogno, s.a. [1919?] (Bibl. classica economica, nn. 40-42-44-46-67). Si tratta della ristampa di un'edizione ottocentesca più volte pubblicata, vol. II (rist.: 1931). — *Scelta di commedie.* Con prefazione e note di E. Masi, 2 voll., Firenze, Le Monnier, 1921. Si tratta della ristampa dell'ed. del 1897. Ogni commedia è preceduta da una nota preliminare. *La bottega del caffè* è contenuta nel vol. I, che raggruppa «Commedie di carattere e di costume». — *Dalle Memorie e dalle Commedie.* Scelta e commento di O. Castellino, Torino, SEI, 1922 (rist.: 1930, 1931, 1933, 1934). Nella Sez. «Caratteri» si trovano scene tratte dalla *Bottega del caffè* (Don Marzio maldicente). — *Commedie scelte.* Con prefazione di F. Carlesi, Sancasciano-Pesa, Soc. Ed. Toscana, 1924

(Bibl. classica popolare italiana e straniera) vol. I (rist.: 1935-36). — *Commedie*. 6 voll., Firenze, Salani, 1925-28 (Collez. «I Classici» diretta da E. BIANCHI), vol. II (rist.: 1936; 1964). — *Le opere di C. G.* Scelte e illustrate per le scuole medie da A. MOMIGLIANO, II ed. [ridotta], Napoli, Perrella, 1926 (Bibl. classica italiana). Anche se *La bottega del caffè* non vi è riprodotta, nella Sez. «Macchiette, maschere, caratteri, scene» ci si riferisce a *un maldicente* (quest'ed. del 1926 ha avuto una ristampa nel 1960, Torino, Loescher, con una nuova presentazione di E. BONORA). — *La sposa sagace. La bottega del caffè. I pettegolezzi delle donne.* Milano, Barion, 1926 (Collez. classici italiani e stranieri). — *Commedie e scene*. A cura di M. DAZZI, Milano, Mondadori, 1929 (Edizioni per le scuole medie): vi si possono trovare scene tratte dalla *Bottega del caffè*. — *Commedie scelte*. Illustrate dal pittore G. MANTEGAZZA, Milano, Sonzogno, 1934-35 (ristampa dell'ed. del 1888). — *Commedie scelte*. Con i giudizi dell'autore intorno alle commedie stesse, 4 voll., Milano, Bietti, 1935, vol. I. — *Le Memorie e il Teatro*. Scelta di O. CASTELLINO, Torino, SEI, 1938 (I Classici della Scuola): nella Sez. «Ambienti goldoniani» si trovano scene tratte dalla *Bottega del caffè*. — *Le opere di C.G.* Scelte e commentate da L. FONTANA, Roma, Ed. «Dante Alighieri», 1941 (Scrittori d'Italia, n. 4): pur non essendovi contenuta *La bottega del caffè*, nella Sez. «Fra le creature della nuova commedia» si parla di un *ciarlone calunniatore*. — *Commedie scelte*. Con introduzione e commento di A. SCARPA, Bari, Macrì, 1942. Vi si trovano scene tratte dalla *Bottega del caffè*. — *La bottega del caffè. Pamela nubile.* A cura di E. BIANCHI, Firenze, Salani, 1940 (Bibl. Salani «L'Ulivo», n. 9). — *Commedie*. A cura di E. VITTORINI, 4 voll., Torino, Einaudi, 1952 («I Millenni», n. 21), vol. I; si avverte col MANGINI che « di ogni commedia è stato riportato il testo della prima edizione. Precedono le lettere di dedica e le prefazioni dell'Autore». La raccolta è stata ristampata nel 1966 in 2 voll., nel primo dei quali compare la commedia in esame. — *Opere*. Con appendice del teatro comico del Settecento. A cura di F. ZAMPIERI, Milano-Napoli, Ricciardi, 1954 (La Letteratura Italiana. Storia e Testi, vol. 42). Pur non essendovi riportata *La bottega del caffè*, nella Parte II di questa edizione, «Teatro Comico del Settecento», si trovano scene tratte dal *Ciarlone maldicente* di Francesco ALBERGATI CAPACELLI, che s'ispirò al Don Marzio goldoniano; i testi sono annotati ed ogni testo è preceduto da un'introduzione. — *Commedie scelte*. 2 voll., a cura di F. CARLESI, Roma, Cremonese, 1955 (I Classici Azzurri, nn. 2 e 3), vol. I. — *Commedie*. 2 voll., a cura di G. PETRONIO, Milano, Rizzoli, 1958 (I Classici Rizzoli), vol. I. — *Il meglio di C. G.* Scelta e introduzione di E. LEVI, Milano, Longanesi, 1958 («Il meglio», 15). — *Commedie*. Con 23 illustr. f.t. Milano, Mondadori, 1959 (Ed. riservata agli abbonati dei periodici Mondadori). — *Commedie scelte*. A cura di A. M. RINDI, Milano, Ed. Club del Libro, 1964 (Collana del teatro, 7). — *La bottega del caffè. Il bugiardo. L'adulatore*. Bologna, Sampietro, 1967 (L'arcolaio, 7).

Va ricordato che *La Bottega del caffè* è contenuta nel vol. IV, anno 1909, delle *Opere complete di C. G.* edite dal Municipio di Venezia nel II centenario della nascita (a partire quindi dal 1907) e che la *Nota Storica* in appendice (pp. 295-298) è curata da G. ORTOLANI (nota di cui ci riconosciamo debitori di molte notizie riportate).

Infine si rimanda chi volesse farsi un'idea sia pure compendiosa della critica goldoniana alla sezione relativa (*Saggi critici e cenni di storia della critica goldoniana*) della bibliografia premessa all'edizione BUR della *Locandiera* (Milano, Rizzoli, 1976, p. 69), non senza avvertire che una buona messe di indicazioni bibliografiche, pur non sistematicamente organizzate, si può anche trovare in F. FIDO, *Guida a G. Teatro e società nel Settecento,* Torino, Einaudi (PBE), 1977.

ILLUSTRAZIONI

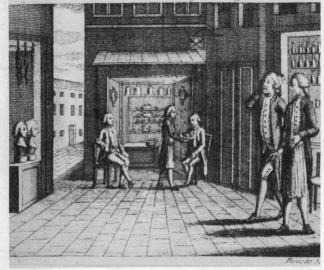

La Bottega da Caffè Atto I Sc. VII

Bettelli S.

La Bottega da Caffè At. II Sc. XXIII

Bonato

Tra le principali edizioni goldoniane del secolo XVIII figura certamente quella veneziana dello Zatta, i cui volumi uscirono tra il 1788 e il 1795. Fondamentale motivo dell'interesse che questa edizione rappresenta, sono le incisioni che figurano all'inizio di ogni atto, e che possono essere considerate documento fedele dello stile rappresentativo del tempo; esse infatti non si propongono come libere interpretazioni pittoriche della vicenda narrata, secondo un'antica e diffusa tradizione illustrativa, ma intendono essere vere e proprie «immagini di teatro», strappate all'evento scenico e fissate su una lastra, e di lì su un foglio di carta. Pubblichiamo qui, per l'appunto dall'edizione dello Zatta, le illustrazioni relative alla *Bottega del caffè*, Atto I scena VII, Atto II scena XXIII, Atto III scena XXIV.

In alto: la Venezia di maniera in un allestimento austriaco della prima metà del secolo. In basso e a destra: un allestimento a Venezia, in Corte del Teatro a San Luca, diretto da Gino Rocca nel 1934 (Don Marzio è Raffaele Viviani).

Don Marzio è qui Memo Benassi, in un'edizione della *Bottega del caffè* diretta da Alessandro Brissoni a Bologna nel 1951 per la Compagnia del Teatro «La soffitta».

Il personaggio del grande maldicente «napoletano» attirò l'interesse anche di Peppino De Filippo, che lo impegnò nel 1956 in un'edizione all'aperto diretta da Gianfranco Bettetini nella piazza della Città Alta di Bergamo.

Nei panni di Don Marzio è qui il grande attore veneto Cesco Baseggio: la sede è quella, inconsueta, del teatro Olimpico di Vicenza, nel 1967.

Ancora nel 1967, diretto da Giuseppe Patroni Griffi per il Teatro Stabile di Roma, *La bottega del caffè* ha per protagonisti Mariano Rigillo; al suo fianco, nella foto, Paolo Panelli.

A destra: Tino Buazzelli, Don Marzio in un allestimento del 1978, che egli stesso diresse.

Un recentissimo Don Marzio: Vittorio Caprioli, nel capolavoro goldoniano diretto nel 1981 da Giancarlo Sbragia.

# LA BOTTEGA DEL CAFFÈ

Commedia di tre atti in prosa rappresentata per la prima
volta in Mantova la Primavera dell'Anno 1750.

Il testo della presente commedia è quello delle edizioni Paperini di Firenze (t. I, 1753) e Pasquali di Venezia (t. I, 1761).

# LODOVICO WIDIMAN
## NOBILE PATRIZIO VENETO[1]


*Fra i Protettori[2] miei benignissimi posso annoverar per mia gloria il Nome grande di V. E., e siccome cresce in noi il godimento di un bene, allorché di possederlo pubblico vanto dar ci possiamo, aspirai da gran tempo a tale felicità, che reca a me sommo onore, e alle Opere mie un singolare vantaggio. Varie son le cagioni, onde pregevole al sommo riconoscere può ciascuno la protezione dell'E. V., o se riguardo si abbia all'antichità del nobilissimo suo Casato, alla ricchezza del patrimonio, agli onori, alle dignità, allo splendore della Famiglia, illustre non meno nella Germania che nell'Italia; ma ciò che maggiormente si ha in pregio dagli uomini di buon senso, consiste nelle virtù dell'animo e nel sapere, di cui l'E. V. cotanto abbonda; laonde[3] dichiarandosi Ella in favore di qualche opera, o di qualche Autore, l'accredita[4] col di Lei nome e dalle critiche lo difende. Le mie Commedie precisamente han-*

---

[1] La lettera di dedica venne stampata per la prima volta nel t.I delle *Commedie*, ed. Paperini, Firenze (primavera 1753). Il personaggio cui Goldoni si dimostra devoto è il conte Ludovico Widiman (1719-1764), appartenente ad una nobile e ricca famiglia veneziana (cfr. *supra* «Documenti e giudizi critici»).

[2] Era tipico dei nobili del Sei-Settecento assicurare la propria *protezione*, cioè aiuto ed assistenza, a chi non fosse aristocratico. È un uso che si ritrova anche nelle commedie di Goldoni, cui si accenna anche nella presente. Si noti infine l'uso tutto settecentesco delle maiuscole reverenziali, che in questa dedica spesseggiano.

[3] Perciò (arcaismo).

[4] Dà credito.

no questo di buono, mercè della grazia benignissima che loro l'E. V. comparte,[5] che non possono essere disprezzate, quando Ella le approva.[6] Fra gli studi più elevati e più seri, de' quali per ornamento suo si compiace, non esclude quelli della Commedia, amandola anzi talmente, che fra i sontuosi trattamenti della sua magnifica Villeggiatura, la rende il più caro oggetto del suo piacere e dell'altrui amenissimo divertimento. L'estemporanea Commedia quella è che Italiana unicamente può dirsi, poiché da altre Nazioni non fu trattata; e questa, che sulle pubbliche scene sembra ormai declinata,[7] brilla e risplende nel di Lei delizioso Bagnoli, dove i più nobili e i più valorosi Soggetti ad esaltarla s'impiegano.[8]

Se l'E. V., perfettissimo conoscitore di cotal genere di Teatrali Rappresentazioni, delle Opere mie si compiace, niuno ardirà lacerarle,[9] e le rispetteranno i maligni in grazia di un sì venerabile Nome e della sua validissima protezione, di cui supplicandola più che mai, con profondissimo ossequio mi rassegno.[10]

Di V. E.

Umiliss. Divotiss. e Obbligatiss. Serv.
CARLO GOLDONI


[5] Assegna, distribuisce.
[6] Trova il suo gradimento.
[7] Passata di moda.
[8] Vedasi il brano delle *Memorie* riportato tra i documenti.
[9] *Farle a brani* con critiche malevole.
[10] Sottoscrivo (arcaismo).

# L'AUTORE A CHI LEGGE

Quando composi da prima la presente Commedia, lo feci col Brighella e coll'Arlecchino,[1] ed ebbe, a dir vero, felicissimo incontro per ogni parte.[2] Ciò non ostante, dandola io alle stampe, ho creduto meglio servire il Pubblico, rendendola più universale, cambiando in essa non solamente in toscano i due Personaggi suddetti, ma tre altri ancora, che col dialetto veneziano parlavano.

Corse in Firenze[3] una Commedia con simil titolo e con vari accidenti[4] a questa simili, perché da questa copiati. Un amico mio di talento e di spirito fece prova di sua memoria; ma avendola una o due volte sole veduta rappresentare in Milano, molte cose da lui inventate dovette per necessità framischiarvi. Donata ho all'amicizia la burla, ed ho lodato l'ingegno; nulladimeno, né voglio arrogarmi il buono che non è mio, né voglio che passi per mia qualche cosa che mi dispiace.

Ho voluto pertanto informare il Pubblico di un simil fatto, perché confrontandosi la mia, che ora io stampo, con quella dell'amico suddetto, sia palese la verità, e cia-

[1] Cioè con le *maschere di Brighella e di Arlecchino*: il primo, in origine, rappresentava il tipo del servo intrigante, successivamente, in opposizione ad Arlecchino, quello del servitore assennato. Per notizie più precise su Arlecchino cfr. C.G., *Arlecchino servitore di due padroni*, Milano, Rizzoli (BUR), 1979, pp. 56-59.

[2] Favorevole riuscita, cioè *incontrò il favore del pubblico*.

[3] Nell'ed. Paperini (I, 1753), dove per la prima volta si stampò l'avvertenza, si trova aggiunto: *l'anno passato*.

[4] Casi, avvenimenti: la *fabula*, insomma, era la stessa.

scheduno profitti della sua porzione di lode, e della sua porzione di biasimo si contenti.

Questa Commedia ha caratteri tanto universali, che in ogni luogo ove fu ella rappresentata, credevasi fatta sul conio degli originali riconosciuti. Il Maldicente fra gli altri trovò il suo prototipo da per tutto, e mi convenne soffrir talora, benché innocente, la taccia d'averlo maliziosamente copiato. No certamente, non son capace di farlo.

I miei caratteri sono umani, sono verisimili, e forse veri, ma io li traggo dalla turba universale[5] degli uomini, e vuole il caso che alcuno in essi si riconosca. Quando ciò accade, non è mia colpa che il carattere tristo a quel vizioso somigli; ma colpa è del vizioso, che dal carattere ch'io dipingo, trovasi per sua sventura attaccato.

[5] Massa.

# PERSONAGGI

RIDOLFO caffettiere
DON MARZIO gentiluomo napolitano
EUGENIO mercante
FLAMINIO sotto nome [1] di conte Leandro
PLACIDA moglie di Flaminio, in abito di pellegrina [2]
VITTORIA moglie di Eugenio
LISAURA ballerina
PANDOLFO biscazziere [3]
TRAPPOLA garzone di Ridolfo
Un GARZONE del parrucchiere, che parla
Altro GARZONE del caffettiere, che parla
Un CAMERIERE di locanda, che parla
CAPITANO di birri, [4] che parla
Birri, che non parlano
Altri Camerieri di locanda, che non parlano
Altri Garzoni della bottega di caffè, che non parlano

La Scena stabile [5] rappresenta una piazzetta in Venezia, [6]

---

[1] Sotto *finto* nome.
[2] Personaggi abbastanza noti nella letteratura settecentesca erano le
«pellegrine», cioè avventuriere giramondo dalla moralità alquanto dubbia.
[3] Chi tiene una bisca ovvero il banco nei giochi d'azzardo. Il termine
*bisca*, da cui deriva, è d'etimo incerto, forse germanico. Più sotto si trova *biscazza*, oggi in disuso.
[4] Sbirri, guardie. Oggi termine usato in senso dispregiativo, ma usuale
dal Medio Evo sino al sec. XIX.
[5] Che non si muta per tutta la commedia.
[6] Altra commedia che si svolge sulla pubblica via è *Il ventaglio* né
mancano scene analoghe nel *Bugiardo*.

ovvero una strada alquanto spaziosa, con tre botteghe: quella di mezzo ad uso di caffè, quella alla diritta di parrucchiere e barbiere, quella alla sinistra ad uso di giuoco, o sia biscazza; e sopra le tre botteghe suddette si vedono alcuni stanzini praticabili,[7] appartenenti alla bisca, colle finestre in veduta della strada medesima. Dalla parte del barbiere (con una strada in mezzo) evvi[8] la casa della ballerina, e dalla parte della bisca vedesi la locanda, con porte e finestre praticabili.[9]

[7] Termine teatrale: *praticabile* nel senso che vi si può salire, mostrarsi ecc.

[8] Vi è (espressione dell'italiano antico).

[9] Si noti che nell'ed. Bettinelli i personaggi sono presentati con qualche variante, così: *Eugenio* è detto *veneziano, marito di Vittoria*, Flaminio si chiama *Florindo*, e mutano anche le indicazioni relative a garzoni, birri e camerieri (*Garzoni del Perrucchiere, uno parla - Garzoni del caffettiere, uno parla - Camerieri della locanda, uno parla - Bargello - Sbirri*, i quali, nell'ed. Paperini, sono *Birri* che *non parlano*). Inoltre, sempre nella Bettinelli, si legge in maniera più concisa: «La scena si finge in Venezia, e rappresenta Bottega del Caffè di Ridolfo, in prospetto. Da un lato della medesima, a mano dritta, una Bottega da Perrucchiere, a mano sinistra altra bottega di Biscaccia, sopra delle quali vi sia un Camerone con tre finestre, ognuna delle quali viene ad essere sopra una Bottega; dalla parte del Perrucchiere vi è la Casa di Lisaura, e dalla parte della Biscaccia vi è una Locanda, con strade laterali».

Si avverte che, per non appesantire ulteriormente l'apparato di note, non si sono in questa edizione riferite le varianti dei testi a stampa settecenteschi, per le quali si rimanda chi fosse interessato all'ed. delle *Opere complete di C.G.* citate in *Bibliografia*.

# ATTO PRIMO

## SCENA PRIMA
### RIDOLFO, TRAPPOLA e altri garzoni

RID. Animo, figliuoli, portatevi[1] bene; siate lesti e pronti a servir gli avventori, con civiltà, con proprietà:[2] perché tante volte dipende il credito d'una bottega dalla buona maniera di quei che servono.[3]

TRAPP. Caro signor padrone, per dirvi la verità, questo levarsi[4] di buon'ora non è niente fatto per la mia complessione.[5]

RID. Eppure bisogna levarsi presto. Bisogna servir tutti. A buon'ora vengono quelli che hanno da far viaggio, i lavoranti, i barcaruoli, i marinai, tutta gente che si alza di buon mattino.

TRAPP. È veramente una cosa che fa crepar di[6] ridere, veder anche i facchini venir a bevere il loro caffè.[7]

---

[1] Comportatevi (forma usuale nell'italiano antico ed in Goldoni).
[2] Ordine, decoro, lindura (dal francese *propreté*).
[3] Si noti già da questa prima battuta la convenzionalità di Ridolfo.
[4] Levarsi *dal letto*, alzarsi.
[5] Costituzione fisica: il termine «complessione» in bocca ad un servo della Commedia dell'Arte — che certamente lo ha rubato alle damine svenevoli — suona comico.
[6] Dal (forma veneziana in sintonia con l'ambiente in cui si svolge la commedia).
[7] Il *caffè* era una novità: dapprima presero a berlo le classi alte, poi l'abitudine si diffuse anche tra il popolo. La forma *bevere* è arcaica, popolare e dialettale.

RID. Tutti cercan di fare quello che fanno gli altri. Una volta correva l'acquavite, adesso è in voga il caffè.

TRAPP. E quella signora, dove[8] porto il caffè tutte le mattine, quasi sempre mi prega che io le compri quattro soldi di legna, e pur vuol bever il suo caffè.[9]

RID. La gola è un vizio che non finisce mai, ed è quel vizio che cresce sempre, quanto più l'uomo invecchia.

TRAPP. Non si vede venir nessuno a bottega, si poteva dormire un'altra oretta.

RID. Or ora[10] verrà della gente; non è poi tanto di buon'ora. Non vedete? Il barbiere ha aperto, è in bottega lavorando parrucche.[11] Guarda, anche il botteghino del giuoco è aperto.

TRAPP. Oh! in quanto poi a questa biscazza, è aperta che è un pezzo. Hanno fatto nottata.[12]

RID. Buono. A messer Pandolfo avrà fruttato bene.

TRAPP. A quel cane frutta sempre bene; guadagna nelle carte,[13] guadagna negli scrocchi,[14] guadagna a far di balla[15] coi baratori.[16] I denari di chi va là dentro, sono tutti suoi.

RID. Non v'innamoraste mai di questo guadagno, perché la farina del diavolo va tutta in crusca.[17]

[8] Avverbio di luogo al posto della frase pronominale *in casa della quale*.

[9] Vale a dire: è una poveretta eppure non sa rinunciare al caffè!

[10] Tra poco.

[11] Il barbiere ha aperto *la bottega* ed è in bottega che sta lavorando alle parrucche. Nel Settecento le persone di riguardo, nobili e borghesi, usavano portare la parrucca, donde il nome di *parrucchiere*, rimasto anche dopo che la Rivoluzione Francese spazzò via le parrucche.

[12] Hanno protratto il gioco per tutta la notte.

[13] Cioè aveva una percentuale su ogni mazzo di carte che veniva distribuito ( = sulle *smazzate*).

[14] *Scroccando* piccole somme ai vincitori. *Scroccare* da «crocco» ( = uncino), con -*s* estrattivo, da cui *scrocco* ( = l'azione di scroccare) e *scroccone* (nome d'agente).

[15] «*Far di balla* è un gergo lombardo, che significa intendersi fra gente accorta, partecipare dell'utile ecc.» [*N.d.A.*]

[16] Bari, truffatori nel gioco.

[17] Ridolfo continua a parlare per proverbi.

TRAPP. Quel povero signor Eugenio! Lo ha precipitato.[18]

RID. Guardate anche quello,[19] che poco giudizio! Ha moglie, una giovine di garbo e di proposito,[20] e corre dietro a tutte le donne, e poi di più[21] giuoca da disperato.

TRAPP. Piccole galanterie della gioventù moderna.[22]

RID. Giuoca con quel[23] conte Leandro, e li ha persi sicuri.

TRAPP. Oh, quel signor conte è un bel fior di virtù.

RID. Oh via, andate a tostare il caffè, per farne una caffettiera di fresco.

TRAPP. Vi metto degli avanzi di ieri sera?

RID. No, fatelo buono.

TRAPP. Signor padrone, ho poca memoria. Quant'è che avete aperto bottega?

RID. Lo sapete pure. Saranno incirca otto mesi.

TRAPP. È tempo da[24] mutar costume.

RID. Come sarebbe a dire?

TRAPP. Quando si apre una bottega nuova, si fa il caffè perfetto. Dopo sei mesi al più, acqua calda e brodo lungo. (parte)

RID. È grazioso[25] costui; spero che farà bene per la mia bottega, perché in quelle botteghe dove vi è qualcheduno che sappia fare il buffone, tutti corrono.

---

[18] Lo ha mandato in rovina. *Precipitare* è forma frequente in Goldoni.

[19] Anche lui.

[20] Di giudizio: ma si noti che nella moralità goldoniana non basta esser *giudizioso*, ci vuole anche il *garbo*.

[21] Per di più.

[22] Forse non è Trappola a parlare, ma l'Autore stesso, garbato *laudator temporis acti*.

[23] Con *quel* bellimbusto (dispregiativo).

[24] Di (usuale scambio di preposizioni in Goldoni).

[25] Divertente. Riporta il Tommaseo: «*Grazioso*: personaggio buffo della commedia spagnuola».

4.

## SCENA SECONDA
RIDOLFO e messer PANDOLFO dalla bottega del giuoco,
strofinandosi gli occhi come assonnato

RID. Messer Pandolfo, volete il caffè?

PAND. Sì, mi farete piacere.

RID. Giovani, date il caffè a messer Pandolfo. Sedete, accomodatevi.

PAND. No, no, bisogna che io lo beva presto, e che ritorni al travaglio.[26] *(un giovane porta il caffè a Pandolfo)*

RID. Giuocano ancora in bottega?

PAND. Si lavora a due telai.[27]

RID. Così presto?[28]

PAND. Giuocano da ieri in qua.

RID. A che giuoco?

PAND. A un giuoco innocente: *prima e seconda.*[29]

RID. E come va?

PAND. Per me va bene.[30]

RID. Vi siete divertito anche voi a giuocare?

PAND. Sì, anch'io ho tagliato[31] un poco.

RID. Compatite, amico, io non ho da entrare nei vostri interessi, ma non istà bene che il padrone della bottega giuochi anche lui, perché se perde, si fa burlare, e se guadagna, fa sospettare.[32]

---

[26] Lavoro (francesismo): ma si tratta di un lavoro *sui generis*.

[27] A due tavoli: espressione forse gergale, ma Pandolfo non doveva tornare al *travaglio*?

[28] Ridolfo fa finta di pensare che il gioco sia cominciato di buon mattino.

[29] «Intende al faraone» [*N.d.A.*]. Senonché il *faraone* non è affatto un *giuoco innocente*.

[30] Per Pandolfo, in sospetto di baro, va infatti sempre bene.

[31] Nel gioco delle carte *tagliare* significa dividere il mazzo in vari mucchietti per meglio mescolarle. Qui, però, vuol dire *tener banco*. A faraone chi tiene il banco taglia il mazzo mettendo sul tappeto di volta in volta due carte, una per il banco e una per i giocatori.

[32] Ridolfo è limpido nel suo ragionare, ma ingenuo. D'altra parte la precedente battuta di Pandolfo è esitante.

PAND. A me basta che non mi burlino; del resto poi, che sospettino quanto vogliono, non ci penso.[33]

RID. Caro amico, siamo vicini,[34] e non vorrei che vi accadessero delle disgrazie. Sapete che per il vostro giuoco siete stato dell'altre volte in cattura.[35]

PAND. Mi contento di poco. Ho buscati due zecchini,[36] e non ho voluto altro.

RID. Bravo, pelar la quaglia senza farla gridare.[37] A chi li avete vinti?

PAND. Ad un garzone d'un orefice.

RID. Male, malissimo; così si dà mano[38] ai giovani, perché rubino ai loro padroni.

PAND. Eh! non mi venite a moralizzare.[39] Chi è gonzo, stia a casa sua. Io tengo giuoco per chi vuol giuocare.[40]

RID. Tener giuoco stimo il meno; ma voi siete preso di mira per giuocator di vantaggio,[41] e in questa sorta di cose si fa presto a precipitare.

PAND. Io bricconate non ne fo.[42] So giuocare; son fortunato, e per questo vinco.[43]

RID. Bravo, tirate innanzi così. Il signor Eugenio ha giuocato questa notte?

PAND. Giuoca anche adesso. Non ha cenato, non ha dormito, e ha perso tutti i denari.

RID. (Povero giovine!) *(da sé)* Quanto avrà perduto?

PAND. Cento zecchini in contanti; e ora perde sulla parola.

[33] A Pandolfo importa solo non esser burlato, cioè vinto al gioco.
[34] E quindi dobbiamo esser cortesi tra noi.
[35] In prigione.
[36] Lo *zecchino* era il nome dato al ducato d'oro veneziano dalla metà del '500 in poi.
[37] Oggi si dice più comunemente: *pelar la gallina*.
[38] Si inducono.
[39] A far la morale.
[40] Anche Pandolfo usa un proverbio, a sostegno della sua morale rovesciata.
[41] È lo stesso che *baro*, ma detto con cortesia.
[42] Forma toscaneggiante.
[43] Naturalmente le cose non stanno proprio così.

RID. Con chi giuoca?

PAND. Col signor conte.

RID. Con quello sì fatto?[44]

PAND. Appunto con quello.

RID. E con chi altri?[45]

PAND. Loro due soli: a testa a testa.

RID. Poveraccio! Sta fresco davvero!

PAND. Che importa? A me basta che scozzino[46] delle carte assai.

RID. Non terrei giuoco, se[47] credessi di farmi ricco.

PAND. No? Per qual ragione?

RID. Mi pare che un galantuomo non debba soffrire[48] di vedere assassinar la gente.

PAND. Eh, amico, se sarete così delicato di pelle,[49] farete pochi quattrini.

RID. Non me ne importa niente. Finora sono stato a servire, e ho fatto il mio debito[50] onoratamente. Mi sono avanzato[51] quattro soldi, e coll'aiuto del mio padrone di allora, ch'era il padre, come sapete, del signor Eugenio, ho aperta questa bottega, e con questa voglio vivere onoratamente, e non voglio far torto alla mia professione.[52]

PAND. Oh, anche nella vostra professione vi sono de' bei capi d'opera![53]

RID. Ve ne sono in tutte le professioni. Ma da quelli non vanno le persone ragguardevoli,[54] che vengono alla mia bottega.

---

[44] Ma Ridolfo lo sapeva già: nella scena precedente aveva detto: «[Eugenio] giuoca con quel conte Leandro, e gli ha persi sicuri».

[45] Il *faraone* di solito si gioca in parecchie persone.

[46] Mescolino.

[47] Neanche se.

[48] Sopportare.

[49] Non sfugga la volgarità di Pandolfo.

[50] Dovere.

[51] Mi sono messo da parte.

[52] Si noti come torni con insistenza l'avverbio *onoratamente*.

[53] Capolavori, cioè furfanti.

[54] Di riguardo, dabbene.

PAND. Avete anche voi gli stanzini segreti.[55]

RID. È vero; ma non si chiude la porta.

PAND. Il caffè non potete negarlo a nessuno.

RID. Le chicchere non si macchiano.[56]

PAND. Eh via! Si serra un occhio.

RID. Non si serra niente; in questa bottega non vien che gente onorata.

PAND. Sì, sì; siete principiante.[57]

RID. Che vorreste dire? *(gente dalla bottega del giuoco chiama:* carte*)*

PAND. La servo. *(verso la sua bottega)*

RID. Per carità, levate dal tavolino quel povero signor Eugenio.[58]

PAND. Per me, che perda anche la camicia; non ci penso.[59] *(s'incammina verso la sua bottega)*

RID. Amico, il caffè ho da notarlo?[60]

PAND. Niente, lo giuocheremo a primiera.[61]

RID. Io non son gonzo, amico.

PAND. Via, che serve? Sapete pure che i miei avventori si servono alla vostra bottega.[62] Mi maraviglio che attendiate[63] a queste piccole cose. *(s'incammina. Tornano a chiamare)*

PAND. Eccomi! *(entra nel giuoco)*

RID. Bel mestiere! Vivere sulle disgrazie, sulla rovina della gioventù! Per me, non vi sarà mai pericolo che tenga

---

[55] Appartati.

[56] Le *tazzine* non si sporcano (*chicchere* dallo spagnolo *jicara*, che a sua volta ha desunto il termine da un nome azteco indicante una specie di guscio). Ridolfo vuol dire che se anche gli capitano avventori poco onesti, non si deve però macchiare il buon nome della sua bottega.

[57] Alle prime armi.

[58] Ridolfo mostra dell'affetto per il giovane perché è figlio del suo vecchio padrone, come ha detto lui stesso in questa scena.

[59] Non m'importa e quindi *non me ne do pensiero*.

[60] Da notarlo *in conto*, da annotarlo.

[61] Gioco di carte nel quale vince chi somma il maggior numero di punti con quattro carte di differente seme.

[62] Pandolfo intende *scroccare* il caffè.

[63] Stiate a guardare.

giuoco.[64] Si principia con i giuochetti, e poi si termina colla bassetta.[65] No, no, caffè, caffè; giacché col caffè si guadagna il cinquanta per cento, che cosa vogliamo cercar di più?[66]

## SCENA TERZA

### DON MARZIO e RIDOLFO

RID. (Ecco qui quel che non tace mai, e che sempre vuole aver ragione). *(da sé)*

DON MAR. Caffè.

RID. Subito, sarà servita.

DON MAR. Che vi è di nuovo, Ridolfo?[67]

RID. Non saprei, signore.

DON MAR. Non si è ancora veduto nessuno a questa vostra bottega?

RID. È per anco buon'ora.

DON MAR. Buon'ora? Sono sedici ore[68] sonate.

RID. Oh illustrissimo no, non sono ancora quattordici.[69]

DON MAR. Eh via, buffone.[70]

RID. Le assicuro io che le quattordici non son sonate.

DON MAR. Eh via, asino.

RID. Ella mi strapazza senza ragione.

---

[64] Che permetta il gioco nella mia bottega.

[65] Gioco simile al *faraone*, il cui nome deriva dal fatto che a ciascun giocatore era distribuito un mazzetto di *carte basse* dall'1 al 5. I Veneziani ne erano entusiasti. Famoso il detto, a proposito dei giovani eleganti, *messetta* (= ruffiano), *donnetta, bassetta*.

[66] Non sfugga la morale mercantile di un onesto bottegaio.

[67] Caratteristica di Don Marzio è la *curiosità*, oltre all'esser linguacciuto e convinto d'aver sempre ragione (cfr. in apertura di scena).

[68] Le dieci della mattina. Il computo delle ore si faceva a partire dall'Avemaria, che suonava circa mezz'ora dopo il calar del sole.

[69] Le otto della mattina.

[70] Don Marzio è arrogante e, come dirà nelle battute seguenti Ridolfo, strapazza la gente senza ragione.

DON MAR. Ho contato in questo punto le ore, e vi dico che sono sedici; e poi guardate il mio orologio: questo non fallisce [71] mai. *(gli mostra l'orologio)*

RID. Bene; se il suo orologio non fallisce, osservi: il suo orologio medesimo mostra tredici ore e tre quarti.

DON MAR. Eh, non può essere. *(cava l'occhialetto[72] e guarda)*

RID. Che dice?

DON MAR. Il mio orologio va male. Sono sedici ore. Le ho sentite io.

RID. Dove l'ha comprato quell'orologio?

DON MAR. L'ho fatto venir di[73] Londra.

RID. L'hanno ingannata.

DON MAR. Mi hanno ingannato? Perché?

RID. Le hanno mandato un orologio cattivo. *(ironicamente)*

DON MAR. Come cattivo? È uno dei più perfetti che abbia fatto il Quarè.[74]

RID. Se fosse buono, non fallirebbe di due ore.

DON MAR. Questo va sempre bene, non fallisce mai.

RID. Ma se fa quattordici ore meno un quarto, e dice[75] che sono sedici.

DON MAR. Il mio orologio va bene.

RID. Dunque saranno or ora[76] quattordici, come dico io.

DON MAR. Sei un temerario. Il mio orologio va bene, tu dici male, e guarda ch'io non ti dia qualche cosa nel capo.[77] *(un giovane porta il caffè)*

[71] Sbaglia.
[72] L'*occhialetto* era un occhiale ad una o due lenti in uso nel Settecento, privo di stanghette e con manico di tartaruga (lo si ritrova anche nella forma francese *lorgnette*). Questo particolare deve inserirsi nella mimica del personaggio.
[73] Al solito l'uso della preposizione è diverso dall'italiano attuale.
[74] Celebre orologio londinese.
[75] E *lei* dice.
[76] Tra poco.
[77] Non ti colpisca con qualcosa in testa.

RID. È servita del caffè. *(con isdegno)* (Oh che bestiaccia!) *(da sé)*

DON MAR. Si è veduto il signor Eugenio?

RID. Illustrissimo signor no.

DON MAR. Sarà in casa a carezzare la moglie.[78] Che uomo effeminato! Sempre moglie! Sempre moglie! Non si lascia più vedere, si fa ridicolo. È un uomo di stucco.[79] Non sa quel che si faccia. Sempre moglie, sempre moglie. *(bevendo il caffè)*

RID. Altro che moglie! È stato tutta la notte a giuocare qui da messer Pandolfo.

DON MAR. Se lo dico io. Sempre giuoco! Sempre giuoco! *(dà la chicchera, e s'alza)*

RID. (Sempre giuoco; sempre moglie; sempre il diavolo che se lo porti). *(da sé)*

DON MAR. È venuto da me l'altro giorno, con tutta segretezza, a pregarmi che gli prestassi dieci zecchini sopra un paio d'orecchini di sua moglie.[80]

RID. Vede bene; tutti gli uomini sono soggetti ad avere qualche volta bisogno, ma non hanno piacere poi che si sappia; e per questo sarà venuto da lei, sicuro che non dirà niente a nessuno.[81]

DON MAR. Oh, io non parlo. Fo volentieri servizio a tutti, e non me ne vanto. Eccoli qui; questi sono gli orecchini di sua moglie. Gli ho prestato dieci zecchini; vi pare che io sia al coperto?[82] *(mostra gli orecchini in una custodia)*

RID. Io non me ne intendo, ma mi par di sì.

DON MAR. Avete il vostro garzone?

RID. Vi sarà.[83]

DON MAR. Chiamatelo. Ehi, Trappola.[84]

---

[78] Cominciano le maldicenze di Don Marzio.
[79] Oggi diremmo piuttosto *stucchevole*, cioè noioso.
[80] *Dandomi in pegno* un paio d'orecchini.
[81] Garbato rimprovero da parte di Ridolfo.
[82] Al sicuro.
[83] Infastidito, Ridolfo risponde in modo evasivo usando il futuro, come a dire: *quando sarà il momento lo chiamerò*.
[84] Don Marzio prende l'iniziativa vedendo la titubanza di Ridolfo.

TRAPPOLA dall'interno della bottega, e detti

TRAPP. Eccomi.

DON MAR. Vieni qui. Va dal gioielliere qui vicino, fagli vedere questi orecchini, che sono della moglie del signor Eugenio, e dimandagli[85] da parte mia, se io sono al coperto di dieci zecchini, che gli ho prestati.[86]

TRAPP. Sarà servita. Dunque questi orecchini sono della moglie del signor Eugenio?

DON MAR. Sì, or ora[87] non ha più niente; è morto di fame.

RID. (Meschino, in che mani è capitato!) *(da sé)*

TRAPP. E al signor Eugenio non importa niente di far sapere i fatti suoi a tutti?

DON MAR. Io sono una persona, alla quale si può confidare un segreto.

TRAPP. Ed io sono una persona, alla quale non si può confidar niente.

DON MAR. Perché?

TRAPP. Perché ho un vizio, che ridico tutto con facilità.

DON MAR. Male, malissimo; se farai così, perderai il credito, e nessuno si fiderà di te.

TRAPP. Ma come ella l'ha detto a me, così io posso dirlo ad un altro.[88]

DON MAR. Va a vedere se il barbiere è a tempo[89] per farmi la barba.

TRAPP. La servo. (Per dieci quattrini[90] vuol bevere il caffè, e vuole un servitore al suo comando).[91] *(da sé, entra dal barbiere)*

---

[85] Forma dell'italiano antico.

[86] L'indiscrezione di Don Marzio non conosce limiti.

[87] Fra breve: infatti è ancora intento al gioco.

[88] Il ragionamento di Trappola non fa una grinza.

[89] Pronto.

[90] Monete di scarso valore in uso dal XIII al XIX secolo, diminutivo di *quattro*, cioè moneta *da quattro denari*.

[91] Oggi si preferisce dire: *ai suoi comandi*.

DON MAR. Ditemi, Ridolfo: che cosa fa quella ballerina qui vicina?

RID. In verità, non so niente.

DON MAR. Mi è stato detto che il conte Leandro la tiene sotto la sua tutela.[92]

RID. Con grazia, [93] signore, il caffè vuol[94] bollire. (Voglio badare a' fatti miei). *(da sé, entra in bottega)*


## SCENA QUINTA
### TRAPPOLA e DON MARZIO

TRAPP. Il barbiere ha uno sotto;[95] subito che avrà finito di scorticar[96] quello, servirà V. S. illustrissima.

DON MAR. Dimmi: sai niente tu di quella ballerina che sta qui vicino?

TRAPP. Della signora Lisaura?

DON MAR. Sì.

TRAPP. So e non so.

DON MAR. Raccontami qualche cosa.

TRAPP. Se racconterò i fatti degli altri, perderò il credito, e nessuno si fiderà più di me.

DON MAR. A me lo puoi dire. Sai chi sono; io non parlo. Il conte Leandro la pratica?[97]

TRAPP. Alle sue ore la pratica.[98]

DON MAR. Che vuol dire alle sue ore?

---

[92] Nel Settecento era tipico dei nobili *proteggere* persone di basso rango, ma Goldoni ridicolizza l'usanza in tutte le sue commedie, che ci mostrano un'aristocrazia in decadenza.

[93] Con permesso.

[94] Manifesta l'intenzione di, cioè *star per*.

[95] Sotto le sue forbici o rasoi, cioè *sta radendo un altro*.

[96] Espressione plebea strappariso.

[97] La frequenta.

[98] In fondo Trappola non è diverso da Don Marzio.

TRAPP. Vuol dire, quando non è in caso di dar soggezione.[99]

DON MAR. Bravo; ora capisco. È un amico di buon cuore, che non vuole recarle pregiudizio.[100]

TRAPP. Anzi desidera che la si profitti,[101] per far partecipe anche lui delle sue care grazie.[102]

DON MAR. Meglio! Oh, che Trappola malizioso! Va via, va a far vedere gli orecchini.

TRAPP. Al gioielliere lo posso dire che sono della moglie del signor Eugenio?

DON MAR. Sì, diglielo pure.

TRAPP. (Fra il signor don Marzio ed io,[103] formiamo una bellissima segreteria).[104] *(da sé, parte)*


SCENA SESTA

DON MARZIO, poi RIDOLFO


DON MAR. Ridolfo.

RID. Signore.

DON MAR. Se voi non sapete niente della ballerina, vi racconterò io.

RID. Io, per dirgliela,[105] dei fatti degli altri non me ne curo molto.

DON MAR. Ma sta bene[106] saper qualche cosa, per poter-

---

[99] Cioè: quando in casa non siano presenti altre persone che abbiano esibito la loro protezione.
[100] Danno.
[101] Che la ballerina *abbia il suo profitto*, cioè concluda buoni affari.
[102] Qui Trappola dimostra una maldicenza gratuita, perché quel che dice non corrisponde a verità.
[103] E me: non bisogna però cercare il purismo in Goldoni.
[104] Trappola è consapevole del suo difetto e ci scherza sopra con un gioco di parole.
[105] Se proprio lo vuole sapere: Ridolfo si dimostra seccato.
[106] È utile.

si regolare. Ella è protetta da quella buona lana[107] del conte Leandro, ed egli dai profitti della ballerina ricava il prezzo della sua protezione. Invece di spendere, mangia tutto a quella povera diavola, e per cagione di lui forse è costretta a fare quello che non farebbe. Oh che briccone!

RID. Ma io son qui tutto il giorno; e posso attestare che in casa sua non vedo andare altri che il conte Leandro.

DON MAR. Ha la porta di dietro; pazzo, pazzo! Sempre flusso e riflusso.[108] Ha la porta di dietro, pazzo!

RID. Io bado alla mia bottega; s'ella ha la porta di dietro, che importa a me? Io non vado a dar di naso[109] a nessuno.

DON MAR. Bestia! Così parli con un par mio? *(s'alza)*

RID. Le domando perdono: non si può dire una facezia?

DON MAR. Dammi un bicchier di rosolio.[110]

RID. (Questa barzelletta mi costerà due soldi). *(fa cenno ai giovani che dieno il rosolio)*

DON MAR. (Oh, questa poi della ballerina voglio che tutti la sappiano). *(da sé)*

RID. Servita del rosolio.

DON MAR. Flusso e riflusso, per la porta di dietro. *(bevendo il rosolio)*

RID. Ella starà male, quando ha il flusso e riflusso per la porta di dietro.[111]

---

[107] *Lana* sta a significare in senso figurato le attitudini (in genere non buone) di una persona.

[108] Come dire: *gente che va e gente che viene.*

[109] *Importunare*, come quando si *fiuta* qualcuno per sapere i fatti suoi.

[110] Nome generico dato a liquori di modesta gradazione alcolica, molto dolci e aromatici. Ricorre con una certa frequenza nei buoni costumi del Settecento.

[111] Il doppio senso un tantino volgare spiace nel costumatissimo Goldoni, ma non si deve dimenticare l'eredità della Commedia dell'Arte, che di facezie oscene era ricca.

98

## SCENA SETTIMA

EUGENIO dalla bottega del giuoco, vestito da notte [112] e stralunato, guardando il cielo e battendo i piedi; e detti

DON MAR. Schiavo, [113] signor Eugenio.

EUG. Che ora è?

DON MAR. Sedici ore sonate.

RID. E il suo orologio va bene. [114]

EUG. Caffè.

RID. La servo subito. *(va in bottega)*

DON MAR. Amico, com'è andata?

EUG. Caffè. *(non abbadando [115] a don Marzio)*

RID. Subito. *(di lontano)*

DON MAR. Avete perso? *(ad Eugenio)*

EUG. Caffè. *(gridando forte)*

DON MAR. (Ho inteso, li ha persi tutti). *(da sé, va a sedere)*


## SCENA OTTAVA

PANDOLFO dalla bottega del giuoco, e detti

PAND. Signor Eugenio, una parola. *(lo tira in disparte)*

EUG. So quel che volete dirmi. Ho perso trenta zecchini sulla parola. Son galantuomo, li pagherò.

PAND. Ma il signor conte è là che aspetta. Dice che ha esposto al pericolo [116] i suoi denari, e vuol esser pagato.

DON MAR. (Quanto pagherei a sentire che cosa dicono!) *(da sé)*

[112] Da sera: aveva infatti giocato tutta la notte ed ora sono le undici di mattina.
[113] Forma usuale di saluto nel Settecento (cfr. il nostro *ciao*, dal veneziano *s-ciao*, cioè «schiavo»).
[114] Detto con ironia, perché l'orologio di Don Marzio è guasto.
[115] Badando (forma dell'italiano antico).
[116] Rischio di perderli.

RID. Ecco il caffè. *(ad Eugenio)*

EUG. Andate via. *(a Ridolfo)* Ha vinti cento zecchini in contanti; mi pare che non abbia gettata via la notte. *(a Pandolfo)*

PAND. Queste non sono parole da giuocatore; V.S. sa meglio di me come va l'ordine[117] in materia di giuoco.

RID. Signore, il caffè si raffredda. *(ad Eugenio)*

EUG. Lasciatemi stare. *(a Ridolfo)*

RID. Se non lo voleva...

EUG. Andate via.

RID. Lo beverò[118] io. *(si ritira col caffè)*

DON MAR. (Che cosa dicono?) *(a Ridolfo, che non gli risponde)*

EUG. So ancor[119] io che, quando si perde, si paga, ma quando non ve n'è, non si può pagare. *(a Pandolfo)*

PAND. Sentite, per salvare la vostra riputazione, son uomo capace di ritrovare trenta zecchini.

EUG. Oh bravo! Caffè. *(chiama forte)*

RID. Ora bisogna farlo. *(ad Eugenio)*

EUG. Sono tre ore che domando caffè, e ancora non l'avete fatto?

RID. L'ho portato, ed ella mi ha cacciato via.

PAND. Gliel'ordini con premura, che lo farà da suo pari.[120]

EUG. Ditemi, vi dà l'animo di farmi un caffè, ma buono? Via, da bravo.[121] *(a Ridolfo)*

RID. Quando mi dia tempo[122] la servo. *(va in bottega)*

DON MAR. (Qualche grand'affare. Son curioso di saperlo). *(da sé)*

---

[117] Come vanno le cose.

[118] Berrò (forma antica e popolare).

[119] Anche (forma dell'italiano arcaico).

[120] Cioè *benissimo, come sa fare lui.*

[121] Si noti il continuo contraddirsi di Eugenio nell'ordinare il caffè, nel disdirne l'ordinazione e nel volerlo di nuovo: ma è sconvolto dalla perdita al gioco.

[122] Se me ne dà l'agio, la possibilità.

EUG. Animo, Pandolfo, trovatemi questi trenta zecchini.

PAND. Io ho un amico che li darà; ma pegno e regalo.[123]

EUG. Non mi parlate di pegno, che non facciamo niente. Ho quei panni a Rialto,[124] che voi sapete; obbligherò[125] quei panni, e quando li venderò, pagherò.

DON MAR. (Pagherò. Ha detto pagherò. Ha perso sulla parola). *(da sé)*

PAND. Bene; che cosa vuol dar di regalo?[126]

EUG. Fate voi quel che credete a proposito.

PAND. Senta; non vi vorrà meno di un zecchino alla settimana.[127]

EUG. Un[128] zecchino di usura alla settimana?

RID. *(Col caffè)* Servita del caffè. *(ad Eugenio)*

EUG. Andate via.[129] *(a Ridolfo)*

RID. La seconda di cambio.[130]

EUG. Un zecchino alla settimana? *(a Pandolfo)*

PAND. Per trenta zecchini, è una cosa discreta.[131]

RID. Lo vuole, o non lo vuole? *(ad Eugenio)*

EUG. Andate via, che ve lo getto in faccia. *(a Ridolfo)*

RID. (Poveraccio! Il giuoco l'ha ubbriacato).[132] *(da sé, porta il caffè in bottega)*

DON MAR. *(S'alza, e va vicino ad Eugenio)* Signor Eu-

---

[123] Ci vuole un oggetto prezioso da impegnare ed anche un regalino per l'intermediario.

[124] Eugenio infatti possedeva un negozio di stoffe a Rialto, quartiere di Venezia.

[125] Impegnerò.

[126] Pandolfo non vuol rinunciare al prezzo della sua mediazione!

[127] Non si tratta dunque di un vero e proprio regalo, ma di un interesse, come ben dice Eugenio nella battuta seguente.

[128] Si noti l'uso arcaico dell'articolo indeterminativo.

[129] Cfr. *Nota* 121.

[130] Espressione tratta dal linguaggio mercantile, che si ritrova con una certa frequenza in Goldoni: la *seconda di cambio* è la seconda copia di una cambiale andata smarrita. Qui la battuta è metaforica ed indica che per due volte il caffè è stato portato e rimandato indietro.

[131] Accettabile.

[132] L'ha fatto uscire di sé.

nio, vi è qualche differenza?[133] Volete che l'aggiusti io?

EUG. Niente, signor don Marzio: la prego lasciarmi stare.[134]

DON MAR. Se avete bisogno, comandate.

EUG. Le dico che non mi occorre niente.

DON MAR. Messer Pandolfo, che avete voi col signor Eugenio?

PAND. Un piccolo affare, che non abbiamo piacere di farlo sapere a tutto il mondo.[135]

DON MAR. Io sono amico del signor Eugenio, so tutti i fatti suoi, e sa che non parlo con nessuno. Gli ho prestati anche dieci zecchini sopra un paio d'orecchini, non è egli vero? e non l'ho detto a nessuno.

EUG. Si poteva anche risparmiare di dirlo adesso.

DON MAR. Eh, qui con messer Pandolfo si può parlare con libertà. Avete perso sulla parola? Avete bisogno di nulla? Son qui.

EUG. Per dirgliela, ho perso sulla parola trenta zecchini.

DON MAR. Trenta zecchini, e dieci che ve ne ho dati, sono quaranta; gli orecchini non possono valer tanto.

PAND. Trenta zecchini glieli troverò io.[136]

DON MAR. Bravo; trovategliene quaranta; mi darete i miei dieci, e vi darò i suoi orecchini.[137]

EUG. (Maledetto sia, quando mi sono impicciato[138] con costui!) *(da sé)*

DON MAR. Perché non prendere il danaro che vi offerisce il signor Pandolfo? *(ad Eugenio)*

EUG. Perché vuole un zecchino alla settimana.

PAND. Io per me non voglio niente; è l'amico che fa il servizio, che vuol così.

---

[133] Discordia, lite.
[134] La prego *di*… (uso goldoniano).
[135] A tutti (francesismo: *à tout le monde*).
[136] Pandolfo è interessato al suo «regalo».
[137] Ma anche Don Marzio há il suo interesse.
[138] Impegnato così da averne degli *impicci*, cioè fastidi.

EUG. Fate una cosa: parlate col signor conte, ditegli che mi dia tempo ventiquattr'ore; son galantuomo, lo pagherò.

PAND. Ho paura ch'egli abbia da andar via, e che voglia il danaro subito.

EUG. Se potessi vendere una pezza o due di quei panni, mi spiccerei.[139]

PAND. Vuole che veda io di ritrovare il compratore?

EUG. Sì, caro amico, fatemi il piacere, che vi pagherò la vostra senseria.[140]

PAND. Lasci ch'io dica una parola al signor conte, e vado subito. *(entra nella bottega del giuoco)*

DON MAR. Avete perso molto? *(ad Eugenio)*

EUG. Cento zecchini che aveva riscossi ieri, e poi trenta sulla parola.

DON MAR. Potevate portarmi i dieci che vi ho prestati.

EUG. Via, non mi mortificate più; ve li darò i vostri dieci zecchini.

PAND. *(Col tabarro[141] e cappello, dalla sua bottega)* Il signor conte si è addormentato colla testa sul tavolino. Intanto vado a vedere di far quel servizio. Se si risveglia, ho lasciato l'ordine al giovane, che gli dica il bisogno.[142] V.S. non si parta di qui.

EUG. Vi aspetto in questo luogo medesimo.

PAND. *(Questo tabarro è vecchio; ora è il tempo di farmene uno nuovo a ufo).*[143] *(da sé, parte)*

---

[139] Uscirei dagli *impicci*

[140] Mediazione.

[141] «Quel manto che gli uomini comunemente portano sopra gli altri vestimenti» (Tommaseo). Nel Settecento veneziano consisteva in un mantello rotondo con doppia mantellina, per lo più indossato dai nobili.

[142] Quel che occorre.

[143] A sbafo. L'espressione deriva dalla sigla A.U.F. ( = ad usum fabricae) impressa sui carri adibiti al trasporto dei materiali necessari per la costruzione della fiorentina Santa Maria del Fiore, esenti da gabelle e che, quindi, erano trasportati «a sbafo».

5.

DON MAR. Venite qui, sedete, beviamo il caffè.

EUG. Caffè. *(siedono)*

RID. A che giuoco giuochiamo, signor Eugenio? Si prende spasso [144] de' fatti miei?

EUG. Caro amico, compatite, [145] sono stordito.

RID. Eh, caro signor Eugenio, se V.S. volesse badare a me, la non si troverebbe in tal caso. [146]

EUG. Non so che dire, avete ragione.

RID. Vado a farle un altro caffè, e poi la [147] discorreremo. *(si ritira in bottega)*

DON MAR. Avete saputo della ballerina, che pareva non volesse nessuno? Il conte la mantiene.

EUG. Credo di sì, che possa mantenerla; vince i zecchini a centinaia. [148]

DON MAR. Io ho saputo tutto.

EUG. Come l'avete saputo, caro amico?

DON MAR. Eh! io so tutto. Sono informato di tutto. So quando vi va, quando esce. So quel che spende, quel che mangia; so tutto. [149]

EUG. Il conte è poi solo?

DON MAR. Oibò; vi è la porta di dietro.

RID. *(Col caffè)* Ecco qui il terzo caffè. *(ad Eugenio)*

DON MAR. Ah! Che dite, Ridolfo? So tutto io della ballerina?

RID. Io le ho detto un'altra volta, [150] che non me ne intrico. [151]

---

[144] Gioco.

[145] Perdonatemi, o meglio *cercate di capirmi.*

[146] Fiorentinismo o anche venezianismo

[147] Ne.

[148] Come a dire: *non fa fatica.*

[149] Non sfugga l'esagerazione di Don Marzio.

[150] Le ho *già* detto, ma più incisivo, come se fosse: *ho già avuto occasione di dirle.*

[151] Espressione veneziana.

DON MAR. Grand'uomo son io, per saper ogni cosa! Chi vuol sapere quel che passa[152] in casa di tutte le virtuose[153] e di tutte le ballerine, ha da venire da me.

EUG. Dunque questa signora ballerina è un capo d'opera.[154]

DON MAR. L'ho veramente scoperta come va. È roba di tutto gusto.[155] Ah, Ridolfo, lo so io?

RID. Quando V.S. mi chiama in testimonio, bisogna ch'io dica la verità. Tutta la contrada[156] la tiene per una donna da bene.

DON MAR. Una donna da bene? Una donna da bene?

RID. Io le dico che in casa sua non vi va nessuno.

DON MAR. Per la porta di dietro, flusso e riflusso.

EUG. E sì ella pare[157] una ragazza più tosto[158] savia.

DON MAR. Sì, savia! Il conte Buonatesta[159] la mantiene. Poi vi va chi vuole.

EUG. Io ho provato qualche volta a dirle delle paroline,[160] e non ho fatto niente.

DON MAR. Avete un filippo[161] da scommettere? Andiamo.

RID. (Oh che lingua!) *(da sé)*

EUG. Vengo qui a bever il caffè ogni giorno; e, per dirla, non ho veduto andarvi nessuno.

DON MAR. Non sapete che ha la porta segreta qui nella strada remota?[162] Vanno per di là.

EUG. Sarà così.

DON MAR. È senz'altro.

---

[152] Che succede.
[153] Di tutte le *artiste*. Ma forse vi è un gioco di parole.
[154] Un capolavoro alla rovescia: *una poco di buono*.
[155] Capace di accontentare tutti i gusti.
[156] «Contrada» sta per *quartiere, rione* e simili (termine comune a molte città dell'Italia, oggi in disuso).
[157] E sì *che* dà l'impressione di essere.
[158] Nell'italiano antico la parola era staccata.
[159] Un soprannome da burla.
[160] Parole di complimento.
[161] Scudo ( = cinque lire) fatto coniare in argento da Filippo II di Spagna (1556-98) nella zecca di Milano.
[162] Appartata.

## SCENA DECIMA
### Il GARZONE del barbiere, e detti

GARZ. Illustrissimo,[163] se vuol farsi far la barba, il padrone l'aspetta. *(a don Marzio)*

DON MAR. Vengo.[164] È così come io vi dico. Vado a farmi la barba, e come[165] torno, vi dirò il resto. *(entra dal barbiere, e poi a tempo*[166] *ritorna)*

EUG. Che dite, Ridolfo? La ballerina si è tratta fuori.[167]

RID. Cred'ella al signor don Marzio? Non sa la lingua ch'egli è?

EUG. Lo so che ha una lingua che taglia e fende. Ma parla con tanta franchezza, che convien[168] dire che ei[169] sappia quello che dice.

RID. Osservi, quella è la porta della stradetta. A star qui, la si vede; e giuro da uomo d'onore, che per di là in casa non va nessuno.

EUG. Ma il conte la mantiene?

RID. Il conte va per casa,[170] ma si dice che la voglia sposare.

EUG. Se fosse così, non vi sarebbe male; ma dice il signor don Marzio che in casa vi va chi vuole.

RID. Ed io le dico che non vi va nessuno.

DON MAR. *(Esce dal barbiere col panno bianco al collo e la saponata sul viso)* Vi dico che vanno per la porta di dietro.

GARZ. Illustrissimo, l'acqua si raffredda.

DON MAR. Per la porta di dietro. *(entra dal barbiere col Garzone)*

---

[163] Era nell'uso veneziano dare dell'*illustrissimo* in segno di rispetto.
[164] Evidentemente rivolto al garzone.
[165] Non appena.
[166] A suo tempo.
[167] È uscita allo scoperto, nel senso di: *ne fa delle belle*.
[168] È necessario.
[169] Al solito una forma pronominale arcaica.
[170] Frequenta la casa.

## SCENA UNDICESIMA
### EUGENIO e RIDOLFO

RID. Vede? È un uomo di questa fatta.[171] Colla saponata sul viso.

EUG. Sì, quando si è cacciata una cosa in testa, vuole che sia in quel modo.[172]

RID. E dice male di tutti.

EUG. Non so come faccia a parlar sempre de' fatti altrui.

RID. Le dirò: egli ha pochissime facoltà;[173] ha poco da pensare a' fatti suoi, e per questo pensa sempre a quelli degli altri.

EUG. Veramente è fortuna il non conoscerlo.

RID. Caro signor Eugenio, come ha ella fatto a intricarsi con lui? Non aveva altri da domandare dieci zecchini in prestito?

EUG. Anche voi lo sapete?

RID. L'ha detto qui pubblicamente in bottega.

EUG. Caro amico, sapete come va;[174] quando uno ha bisogno, si attacca a tutto.

RID. Anche questa mattina, per quel che ho sentito, V.S. si è attaccata[175] poco bene.

EUG. Credete che messer Pandolfo mi voglia gabbare?[176]

RID. Vedrà che razza di negozio[177] le verrà a proporre.

EUG. Ma che devo fare? Bisogna che io paghi trenta zecchini, che ho persi sulla parola. Mi vorrei liberare dal tormento di don Marzio. Ho qualche altra premura:[178] se

---

[171] Fatto così — come appunto diceva Ridolfo nella scena precedente.
[172] In quel modo *che vuole lui.*
[173] Ricchezze.
[174] Come va *la cosa,* o meglio: *come vanno le cose.*
[175] Ha cominciato poco bene, entrando in nuovi impegni.
[176] Prendere in giro.
[177] Affare (dal lat. *negotium*).
[178] Spese che devo fare in fretta.

posso vendere due pezze di panno, fo tutti i fatti miei.[179]

RID. Che qualità di panno è quello che vorrebbe esitare?[180]

EUG. Panno padovano, che vale quattordici lire[181] il braccio.[182]

RID. Vuol ella che veda io di farglielo vendere con riputazione?[183]

EUG. Vi sarei bene obbligato.

RID. Mi dia un poco di tempo, e lasci operare a me.

EUG. Tempo? volentieri. Ma quello aspetta i trenta zecchini.

RID. Venga qui, favorisca, mi faccia un ordine che mi sieno consegnate due pezze di panno, e io medesimo le presterò[184] i trenta zecchini.

EUG. Sì, caro, vi sarò obbligato. Saprò le mie obbligazioni.[185]

RID. Mi maraviglio; non pretendo nemmeno un soldo. Lo farò per le obbligazioni[186] ch'io ho colla buona memoria del suo signor padre, che è stato mio buon padrone, e dal quale riconosco la mia fortuna. Non ho cuor di vederla assassinare da questi cani.

EUG. Voi siete un gran galantuomo.

RID. Favorisca di stender l'ordine in carta.[187]

EUG. Son qui; dettatelo voi, che io scriverò.

RID. Che nome ha il primo giovane[188] del suo negozio?

[179] Esco da tutti i miei impicci.
[180] Vendere, smerciare (da *esito* nel senso di uscita): detto di merci vendute alla spicciolata.
[181] Nome di monete di vario valore a partire dalla *libbra ponderale* argentea d'epoca carolingia.
[182] Antica unità di misura di lunghezza, dai valori leggermente diversi a seconda delle città.
[183] Senza perdere la faccia, cioè *a prezzo vantaggioso*.
[184] Si noti la finezza di Ridolfo.
[185] *Saprò tenere presenti i miei obblighi*: Eugenio pensa alla restituzione, oltre che del capitale, degli interessi.
[186] Debiti di gratitudine.
[187] Per iscritto.
[188] Il capo-commessi.

EUG. Pasquino de' Cavoli.

RID. *Pasquino de' Cavoli...* (detta, ed Eugenio scrive) *Consegnerete a messer Ridolfo Gamboni... pezze due panno padovano... a sua elezione,*[189] *acciò egli ne faccia esito*[190] *per conto mio... avendomi prestato gratuitamente... zecchini trenta...* Vi metta la data, e si sottoscriva.[191]

EUG. Ecco fatto.

RID. Si fida ella di me?

EUG. Capperi! Non volete?[192]

RID. Ed io mi fido di lei. Tenga, questi sono trenta zecchini. *(gli numera trenta zecchini)*[193]

EUG. Caro amico, vi sono obbligato.

RID. Signor Eugenio, glieli do, acciò[194] possa comparire puntuale e onorato; le venderò il panno io, acciò non le venga mangiato,[195] e vado subito senza perder tempo: ma la[196] mi permetta che faccia con lei un piccolo sfogo d'amore,[197] per l'antica servitù[198] che le professo. Questa che V.S. tiene, è la vera strada di andare in rovina. Presto presto si perde il credito, e si fallisce. Lasci andar il giuoco, lasci le male pratiche, attenda al suo negozio, alla sua famiglia, e si regoli con giudizio. Poche parole, ma buone, dette da un uomo ordinario,[199] ma di buon cuore; se le ascolterà, sarà meglio per lei. *(parte)*

---

[189] Scelta.

[190] Vendita.

[191] Si noti la precisione giuridica dell'avvocato Goldoni, che ben sapeva essere data e sottoscrizione indispensabili per la confezione di un documento valido.

[192] Certo, non volete *che mi fidi?* «Capperi» è esclamazione di sorpresa un poco plebea.

[193] Conta.

[194] Affinché (forma arcaica).

[195] Cioè: *acquistato per nulla.*

[196] Cfr. *Nota* 146.

[197] Sfoghi un poco il mio malumore dettato dall'affetto che le porto.

[198] Per l'affezione di vecchia data qual è quella d'un vecchio servitore — tale era stato Ridolfo nei confronti del padre di Eugenio.

[199] Da uno del popolo. Sempre Goldoni mostra simpatia per il buon senso popolano oltre che per la capacità imprenditoriale, che spesso —

## SCENA DODICESIMA

EUGENIO solo, poi LISAURA alla finestra

EUG. Non dice male; confesso che non dice male. Mia moglie, povera disgraziata, che mai dirà? Questa notte non mi ha veduto; quanti lunari avrà ella fatti?[200] Già le donne, quando non vedono il marito in casa, pensano cento cose, una peggio dell'altra. Avrà pensato, o che io fossi con altre donne, o che fossi caduto in qualche canale, o che per i debiti me ne fossi andato.[201] So che l'amore, ch'ella ha per me, la fa sospirare; le voglio bene ancor io, ma mi piace la mia libertà. Vedo però che da questa mia libertà ne[202] ricavo più mal che bene, e che se facessi a modo di mia moglie, le faccende di casa mia andrebbero meglio. Bisognerà poi risolversi, e metter giudizio. Oh, quante volte ho detto così! *(vede Lisaura alla finestra)* (Capperi! Grand'aria![203] Ho paura di sì io, che vi sia la porticina col giuocolino).[204] Padrona mia riverita.

LIS. Serva umilissima.

EUG. È molto, signora, che è alzata dal letto?

LIS. In questo punto.

EUG. Ha bevuto il caffè?

LIS. È ancora presto. Non l'ho bevuto.

EUG. Comanda che io la faccia servire?

LIS. Bene obbligata: non s'incomodi.

EUG. Niente, mi maraviglio. Giovani, portate a quella signora caffè, cioccolata,[205] tutto quel ch'ella vuole; pago io.

---

come nel caso del caffettiere Ridolfo — vi è connessa (si veda, tra gli altri, anche il personaggio di Mirandolina nella *Locandiera*).

[200] Quanto avrà almanaccato, quanto si sarà lambiccata il cervello.

[201] Fuggito da Venezia e quindi *andato via da casa*.

[202] Si osservi il pleonasmo.

[203] Che aspetto.

[204] Che gioca ad aprirsi e chiudersi, a fare entrare ed uscire: il *flusso e riflusso* di Don Marzio.

[205] Anche l'uso della *cioccolata* si era diffuso nel Settecento.

LIS. La ringrazio, la ringrazio. Il caffè e la cioccolata la faccio in casa.

EUG. Avrà della cioccolata buona.

LIS. Per dirla, è perfetta.

EUG. La sa far bene?

LIS. La mia serva s'ingegna.[206]

EUG. Vuole che venga io a darle una frullatina?[207]

LIS. È superfluo che s'incomodi.

EUG. Verrò a beverla con lei, se mi permette.

LIS. Non è per lei, signore.

EUG. Io mi degno di tutto; apra, via, che staremo un'oretta insieme.

LIS. Mi perdoni, non apro con questa facilità.

EUG. Ehi, dica, vuole che io venga per la porta di dietro?

LIS. Le persone che vengono da me, vengono pubblicamente.

EUG. Apra, via, non facciamo scene.

LIS. Dica in grazia, signor Eugenio, ha veduto ella il conte Leandro?

EUG. Così non lo avessi veduto![208]

LIS. Hanno forse giuocato insieme la scorsa notte?

EUG. Pur troppo; ma che serve che stiamo qui a far sentire a tutti i fatti nostri? Apra, che le dirò ogni cosa.

LIS. Vi dico, signore, che io non apro a nessuno.

EUG. Ha forse bisogno che il signor conte le dia licenza?[209] Lo chiamerò.

LIS. Se cerco del signor conte, ho ragione di farlo.

EUG. Ora la servo subito. È qui in bottega, che dorme.[210]

LIS. Se dorme, lasciatelo dormire.

---

[206] Ce la mette tutta.
[207] Eugenio è insinuante e forse gioca sulle parole.
[208] Volesse il cielo che non lo avessi veduto!
[209] Il permesso: Eugenio è un po' troppo scortese.
[210] Eugenio era venuto a saperlo da Pandolfo.

## SCENA TREDICESIMA

LEANDRO dalla bottega del giuoco, e detti

LEAN. Non dormo, no, non dormo. Son qui che godo la bella disinvoltura[211] del signor Eugenio.

EUG. Che ne dite dell'indiscretezza di questa signora? Non mi vuole aprir la porta.

LEAN. Chi vi credete ch'ella sia?[212]

EUG. Per quel che dice don Marzio, flusso e riflusso.

LEAN. Mente don Marzio, e chi lo crede.

EUG. Bene, non sarà così: ma col vostro mezzo[213] non potrei io aver la grazia di riverirla?

LEAN. Fareste meglio a darmi i miei trenta zecchini.

EUG. I trenta zecchini ve li darò. Quando si perde sulla parola, vi è tempo a pagare ventiquatt'ore.

LEAN. Vedete, signora Lisaura? Questi sono quei gran soggetti, che si piccano d'onoratezza.[214] Non ha un soldo, e pretende di fare il grazioso.[215]

EUG. I giovani della mia sorta, signor conte caro, non sono capaci di mettersi in un impegno, senza fondamento di comparir con onore.[216] Se ella mi avesse aperto, non avrebbe perduto il suo tempo, e voi non sareste restato al di sotto coi vostri incerti.[217] Questi sono danari, questi sono trenta zecchini, e queste faccie,[218] quando non ne hanno, ne trovano.[219] Tenete i vostri trenta zecchini, e impa-

---

211 Nei confronti della ballerina di cui Leandro si dimostra geloso.
212 Che donna credete che sia?
213 Per mezzo vostro, con la vostra mediazione e... *licenza*!
214 Che si piccano di essere *uomini d'onore*.
215 Galante.
216 Di fare una figura onorata.
217 Incerti *guadagni*: Leandro infatti vive sul gioco d'azzardo.
218 Plurale usuale nell'italiano antico. Qui *faccie* sta per *gran soggetti*, bei tipi e simili.
219 Nell'ed. Bettinelli così segue: «Tenete i vostri trenta zecchini; imparate a parlare coi galantuomini, e prima di nominarli, nettatevi bene la bocca, guardatevi nello specchio, e vergognatevi di mettervi con noi altri, che siamo sempre stati e saremo civili colle donne, fedeli cogli amici, generosi coi forestieri, ed onorati con tutto il mondo».

rate a parlare coi galantuomini della mia sorta. *(va a sedere in bottega del caffè)*

LEAN. (Mi ha pagato; dica ciò che vuole, che non m'importa). *(da sé)* Aprite. *(a Lisaura)*

LIS. Dove siete stato tutta questa notte?

LEAN. Aprite.

LIS. Andate al diavolo.

LEAN. Aprite. *(versa gli zecchini nel cappello, acciò Lisaura li veda)*

LIS. Per questa volta vi apro. *(si ritira, ed apre)*

LEAN. Mi fa grazia,[220] mediante la raccomandazione di queste belle monete. *(entra in casa)*

EUG. Egli sì, ed io no? Non son chi sono, se non gliela faccio vedere.


## SCENA QUATTORDICESIMA
PLACIDA, da pellegrina,[221] ed EUGENIO

PLAC. Un poco di carità alla povera pellegrina.

EUG. (Ecco qui; corre la moda delle pellegrine). *(da sé)*

PLAC. Signore, per amor del cielo, mi dia qualche cosa. *(ad Eugenio)*

EUG. Che vuol dir questo, signora pellegrina? Si va così per divertimento, o per pretesto?

PLAC. Né per l'uno, né per l'altro.

EUG. Dunque per qual causa si gira il mondo?

PLAC. Per bisogno.

EUG. Bisogno di che?

PLAC. Di tutto.

EUG. Anche di compagnia?

PLAC. Di questa non avrei bisogno, se mio marito non mi avesse abbandonata.

---

[220] Mi fa la *grazia di entrare*.
[221] Vestita da pellegrina (cfr. *Nota* 2 p. 83).

EUG. La solita canzonetta:[222] mio marito mi ha abbandonata. Di che paese siete, signora?

PLAC. Piemontese.

EUG. E vostro marito?

PLAC. Piemontese egli pure.

EUG. Che faceva egli[223] al suo paese?

PLAC. Era scritturale d'un mercante.

EUG. E perché se n'è andato via?

PLAC. Per poca volontà di far bene.

EUG. Questa è una malattia che l'ho[224] provata anch'io, e non sono ancora guarito.

PLAC. Signore, aiutatemi per carità. Sono arrivata in questo punto a Venezia. Non so dove andare, non conosco nessuno, non ho danari, son disperata.

EUG. Che cosa siete venuta a fare a Venezia?

PLAC. A vedere se trovo quel disgraziato di mio marito.

EUG. Come si chiama?

PLAC. Flaminio Ardenti.

EUG. Non ho mai sentito un tal nome.

PLAC. Ho timore che il nome se lo sia cambiato.

EUG. Girando per la città, può darsi che, se vi è, lo troviate.

PLAC. Se mi vedrà, fuggirà.

EUG. Dovreste far così. Siamo ora di carnovale;[225] dovreste mascherarvi, e così più facilmente lo trovereste.

PLAC. Ma come posso farlo, se non ho alcuno che mi assista?[226] Non so nemmeno dove alloggiare.

EUG. (Ho inteso, or ora vado in pellegrinaggio ancor io).[227] *(da sé)* Se volete, questa è una buona locanda.

---

[222] Nel nostro caso è, però, la verità.
[223] Costrutto arcaico e francesizzante.
[224] Si noti il pleonasmo, secondo un uso non infrequente in Goldoni.
[225] Forma usuale dell'italiano antico.
[226] Aiuti.
[227] Non sfugga il gioco di parole: Eugenio, poco prima disperato, poi a suo modo mortificato dal predicozzo di Ridolfo e dal pensiero della moglie, sente tornarsi addosso i bollori alla vista della *pellegrina*.

PLAC. Con che coraggio ho da presentarmi alla locanda, se non ho nemmeno da pagare il dormire?

EUG. Cara pellegrina, se volete un mezzo ducato,[228] ve lo posso dare. (Tutto quello che mi è avanzato dal giuoco). *(da sé)*

PLAC. Ringrazio la vostra pietà. Ma più del mezzo ducato, più di qual si sia moneta, mi sarebbe cara la vostra protezione.[229]

EUG. (Non vuole il mezzo ducato; vuole qualche cosa di più). *(da sé)*


SCENA QUINDICESIMA

DON MARZIO dal barbiere, e detti


DON MAR. (Eugenio con una pellegrina! Sarà qualche cosa di buono!) *(siede al caffè, guardando la pellegrina coll'occhialetto)*

PLAC. Fatemi la carità; introducetemi[230] voi alla locanda, raccomandatemi al padrone di essa, acciò, vedendomi così sola, non mi scacci o non mi maltratti.

EUG. Volentieri. Andiamo, che vi accompagnerò. Il locandiere mi conosce, e a riguardo mio,[231] spero che vi userà tutte le cortesie che potrà.

DON MAR. (Mi pare d'averla veduta altre volte). *(da sé, guarda di lontano coll'occhialetto)*

PLAC. Vi sarò eternamente obbligata.

EUG. Quando posso, faccio del bene a tutti. Se non ritroverete vostro marito, vi assisterò io. Son di buon cuore.

---

[228] Moneta aurea e argentea coniata dalle zecche italiane.
[229] Cfr. *Nota* 92. Ma in questo caso la *protezione* non è richiesta ad un nobile.
[230] Presentatemi.
[231] Per riguardo a me.

DON MAR. (Pagherei qualche cosa di bello a sentir cosa dicono). *(da sé)*

PLAC. Caro signore, voi mi consolate colle vostre cortesissime esibizioni.[232] Ma la carità[233] d'un giovane, come voi, ad una donna che non è ancor vecchia, non vorrei che venisse sinistramente[234] interpretata.

EUG. Vi dirò, signora: se in tutti i casi si avesse questo riguardo,[235] si verrebbe a levare agli uomini la libertà di fare delle opere di pietà. Se la mormorazione è fondata sopra un'apparenza di male, si minora[236] la colpa del mormoratore; ma se la gente cattiva prende motivo di sospettare da un'azion buona o indifferente, tutta la colpa è sua, e non si leva il merito a chi opera bene. Confesso d'esser anch'io uomo di mondo;[237] ma mi picco insieme d'esser un uomo civile ed onorato.

PLAC. Sentimenti d'animo onesto, nobile e generoso.

DON MAR. Amico, chi è questa bella pellegrina? *(ad Eugenio)*

EUG. (Eccolo qui: vuol dar di naso[238] per tutto). *(da sé)* Andiamo in locanda. *(a Placida)*

PLAC. Vi seguo. *(entra in locanda con Eugenio)*

---

[232] Offerta d'aiuto.

[233] L'atteggiamento cortese e servizievole.

[234] Male.

[235] Scrupolo.

[236] Si diminuisce.

[237] Segue nell'ed. Bettinelli: «e qualche volta, dove posso arrivare, non ci metto la scala; ma sono un uomo civile; quando le donne non hanno voluto, non ho mai usato loro uno sgarbo. Opero con secondo fine, dove le apparenze mi fanno sperare; opero onestamente con chi sa contenere. Son galantuomo con tutte, e tanto mi compiaccio di una donna che per gratitudine mi seconda, quanto di una che con onestà mi ringrazia; perché con quella acquisto un piacere che presto passa e finisce; con quest'altra acquisto un merito assai maggiore. Merito che, contrapposto al piacere, si può paragonare al perfettissimo oro, in confronto del vilissimo fango». A parte ogni considerazione di carattere estetico — la tirata sembra davvero troppo lunga — si avverta che qui siamo di fronte all'enunciazione della moralità goldoniana e settecentesca.

[238] Impicciarsi; ma cfr. *Nota* 109.

## SCENA SEDICESIMA
### DON MARZIO, poi EUGENIO dalla locanda

DON MAR. Oh, che caro signor Eugenio! Egli applica[239] a tutto, anche alla pellegrina. Colei mi pare certamente sia quella dell'anno passato. Scommetterei che è quella che veniva ogni sera al caffè, a domandar l'elemosina.[240] Ma io però non gliene ho mai dati, veh! I miei danari, che sono pochi, li voglio spender bene. Ragazzi, non è ancora tornato Trappola? Non ha riportati gli orecchini, che mi ha dati in pegno per dieci zecchini il signor Eugenio?

EUG. Che cosa dice de' fatti miei?

DON MAR. Bravo: colla pellegrina!

EUG. Non si può assistere una povera creatura, che si ritrova in bisogno?

DON MAR. Sì, anzi fate bene. Povera diavola! Dall'anno passato in qua non ha trovato nessuno che la ricoveri?

EUG. Come dall'anno passato! La conoscete quella pellegrina?

DON MAR. Se la conosco? E come! È vero che ho corta vista,[241] ma la memoria mi serve.

EUG. Caro amico, ditemi chi ella è.

DON MAR. È una che veniva l'anno passato a questo caffè ogni sera, a frecciare[242] questo e quello.

EUG. Se ella dice che non è mai più[243] stata in Venezia.

DON MAR. E voi glielo credete? Povero gonzo!

EUG. Quella dell'anno passato di che paese era?

DON MAR. Milanese.

EUG. E questa è piemontese.

DON MAR. Oh sì, è vero; era di Piemonte. ·

EUG. È moglie d'un certo Flaminio Ardenti.

---

[239] Si attacca.
[240] *Climax* ascendente: *mi pare.. scommetterei.*
[241] Infatti usa l'*occhialetto.*
[242] In senso figurato: chiedere denaro senza intenzione di restituirlo.
[243] Venezianismo: *mai prima di adesso.*

DON MAR. Anche l'anno passato aveva con lei uno, che passava per suo marito.

EUG. Ora non ha nessuno.

DON MAR. La vita di costoro;[244] ne mutano uno al mese.

EUG. Ma come potete dire che sia quella?

DON MAR. Se la conosco!

EUG. L'avete ben veduta?

DON MAR. Il mio occhialetto non isbaglia; e poi l'ho sentita parlare.

EUG. Che nome aveva quella dell'anno passato?

DON MAR. Il nome poi non mi sovviene.[245]

EUG. Questa ha nome Placida.

DON MAR. Appunto; aveva nome Placida.

EUG. Se fossi sicuro di questo, vorrei ben dirle quello che ella si merita.[246]

DON MAR. Quando dico una cosa io, la potete credere. Colei è una pellegrina che, invece d'esser alloggiata, cerca di alloggiare.[247]

EUG. Aspettate, che ora torno. (Voglio sapere la verità). *(entra in locanda)*

## SCENA DICIASSETTESIMA

DON MARZIO, poi VITTORIA mascherata

DON MAR. Non può esser altro che quella assolutamente: l'aria, la statura, anche l'abito mi par quello. Non l'ho veduta bene nel viso, ma è quella senz'altro; e poi, quando mi ha veduto, subito si è nascosta nella locanda.

VITT. Signor don Marzio, la riverisco. *(si smaschera)*

---

[244] È la vita di costoro.
[245] Non lo ricordo.
[246] La battuta si spiega col fatto che Eugenio finisce col credere alle maldicenze di Don Marzio.
[247] Gioco di parole piuttosto comico.

DON MAR. Oh signora mascheretta, vi sono schiavo.[248]

VITT. A sorte,[249] avreste voi veduto mio marito?

DON MAR. Sì signora, l'ho veduto.

VITT. Mi sapreste dire dove presentemente[250] egli sia?

DON MAR. Lo so benissimo.

VITT. Vi supplico dirmelo per cortesia.

DON MAR. Sentite. *(la tira in disparte)* È qui in questa locanda con un pezzo di pellegrina,[251] ma coi fiocchi.

VITT. Da quando in qua?

DON MAR. Or ora, in questo punto, è capitata qui una pellegrina; l'ha veduta, gli è piaciuta, ed è entrato subitamente nella locanda.[252]

VITT. Uomo senza giudizio! Vuol perder affatto la riputazione.

DON MAR. Questa notte l'avrete aspettato un bel pezzo.

VITT. Dubitava[253] gli fosse accaduta qualche disgrazia.

DON MAR. Chiamate poca disgrazia aver perso cento zecchini in contanti, e trenta sulla parola?

VITT. Ha perso tutti questi danari?

DON MAR. Sì! Ha perso altro! Se giuoca tutto il giorno e tutta la notte, come un traditore.

VITT. (Misera me! Mi sento strappar il cuore)[254] *(da sé)*

DON MAR. Ora gli converrà vendere a precipizio[255] quel poco di panno, e poi ha finito.[256]

VITT. Spero che non sia in istato di andar in rovina.

DON MAR. Se ha impegnato tutto.

---

[248] La solita forma veneziana di saluto.

[249] Per caso.

[250] Al momento, ora (forma dell'italiano arcaico).

[251] Espressione dialettale settentrionale (cfr. *tocco*), ma un po' volgare.

[252] Si noti l'immediatezza della battuta.

[253] La prima persona dell'imperfetto indicativo usciva in -*a* nell'italiano antico (dal latino -*abam* etc.).

[254] Espressione melodrammatica, che ricorda quelle delle *amorose* della Commedia dell'Arte.

[255] In tutta fretta, ma anche con l'idea della inevitabile *rovina* (lat. *ruere* = abbattersi, precipitare): cfr. la successiva battuta di Vittoria.

[256] Ha *finito di avere anche quell'ultima risorsa.*

VITT. Mi perdoni, non è vero.

DON MAR. Lo volete dire a me?

VITT. Io l'avrei a saper[257] più di voi.

DON MAR. Se ha impegnato a me… Basta. Son galantuomo, non voglio dir altro.

VITT. Vi prego dirmi che cosa ha impegnato. Può essere che io non lo sappia.

DON MAR. Andate, che avete un bel marito.

VITT. Mi volete dire che cosa ha impegnato?

DON MAR. Son galantuomo, non vi voglio dir nulla.


## SCENA DICIOTTESIMA

TRAPPOLA colla scatola degli orecchini, e detti


TRAPP. Oh, son qui; ha detto il gioielliere… (Uh! Che vedo! La moglie del signor Eugenio. Non voglio farmi sentire). *(da sé)*

DON MAR. Ebbene, cosa dice il gioielliere? *(piano a Trappola)*

TRAPP. Dice che saranno stati pagati più di dieci zecchini, ma che non glieli darebbe. *(piano a don Marzio)*

DON MAR. Dunque non sono al coperto? *(a Trappola)*

TRAPP. Ho paura di no. *(a don Marzio)*

DON MAR. Vedete le belle baronate[258] che fa vostro marito? *(a Vittoria)* Egli mi dà in pegno questi orecchini per dieci zecchini, e non vagliono[259] nemmeno sei.

VITT. Questi sono i miei orecchini.

DON MAR. Datemi dieci zecchini, e ve li do.

VITT. Ne vagliono più di trenta.

DON MAR. Eh, trenta fichi! Siete d'accordo anche voi.

---

[257] Dovrei saperlo.
[258] Mascalzonate (dal lat. tardo *baro, -onis* = sciocco, incrociato col franco *baro* = uomo di classe superiore e quindi prepotente).
[259] Valgono.

VITT. Teneteli fin a domani, ch'io troverò i dieci zecchini.

DON MAR. Fin a domani? Oh, non mi corbellate. Voglio andar a farli vedere[260] da tutti i gioiellieri di Venezia.

VITT. Almeno non dite che sono miei, per la mia riputazione.

DON MAR. Che importa a me della vostra riputazione! Chi non vuol che si sappia, non faccia pegni. *(parte)*


## SCENA DICIANNOVESIMA
### VITTORIA e TRAPPOLA

VITT. Che uomo indiscreto, incivile! Trappola, dov'è il vostro padrone?

TRAPP. Non lo so; vengo ora a bottega.

VITT. Mio marito dunque ha giuocato tutta la notte?

TRAPP. Dove l'ho lasciato iersera, l'ho ritrovato questa mattina.

VITT. Maledettissimo vizio! E ha perso cento e trenta zecchini?

TRAPP. Così dicono.

VITT. Indegnissimo giuoco! E ora se ne sta con una forestiera in divertimenti?

TRAPP. Signora sì, sarà con lei. L'ho veduto varie volte girarle d'intorno; sarà andato in casa.

VITT. Mi dicono che questa forestiera sia arrivata poco fa.

TRAPP. No, signora; sarà un mese che la c'è.[261]

VITT. Non è una pellegrina?

TRAPP. Oibò, pellegrina: ha sbagliato, perché finisce in *ina*; è una ballerina.

VITT. E sta qui alla locanda?

[260] Stimare.
[261] Trappola equivoca e pensa alla ballerina.

TRAPP. Signora no, sta qui in questa casa. *(accennando la casa)*

VITT. Qui? Se mi ha detto il signor don Marzio ch'egli ritrovasi[262] in quella locanda con una pellegrina!

TRAPP. Buono![263] Anche una pellegrina?

VITT. Oltre la pellegrina, vi è anche la ballerina? Una di qua e una di là?

TRAPP. Sì signora; farà per navigar col vento sempre in poppa. Orza e poggia, secondo soffia la tramontana o lo scirocco.[264]

VITT. E sempre ha da far questa vita? Un uomo di quella sorta, di spirito, di talento, ha da perdere così miseramente il suo tempo, sacrificare le sue sostanze, rovinar la sua casa? Ed io l'ho da soffrire?[265] Ed io mi ho da lasciar maltrattare senza risentirmi? Eh, voglio esser buona, ma non balorda;[266] non voglio che il mio tacere faciliti la sua mala condotta. Parlerò, dirò le mie ragioni, e se le parole non bastano, ricorrerò alla giustizia.

TRAPP. È vero, è vero. Eccolo che viene dalla locanda.

VITT. Caro amico, lasciatemi sola.

TRAPP. Si serva pure, come più le piace. *(entra nell'interno della bottega)*


SCENA VENTESIMA

VITTORIA, poi EUGENIO dalla locanda


VITT. Voglio accrescere la di lui[267] sorpresa col mascherarmi. *(si maschera)*

---

[262] Si trova (forma arcaica).
[263] Ma bene.
[264] Non spiacciono queste metafore marinare a Venezia, a parte il malizioso «vento *in poppa*». *Orzare* significa condurre la prua contro il vento, *poggiare* indica l'operazione contraria; *tramontana* è il vento che soffia da Nord, *scirocco* quello che tira da Sud-Est.
[265] Tollerare.
[266] Sciocca.
[267] Forma usuale in Goldoni, che spiace.

EUG. Io non so quel ch'io m'abbia a dire; questa nega, e quei tien sodo.[268] Don Marzio so che è una mala lingua. A queste donne che viaggiano, non è da credere. Mascheretta? A buon'ora! Siete mutola? Volete caffè? Volete niente? Comandate.

VITT. Non ho bisogno di caffè, ma di pane. *(si smaschera)*

EUG. Come! Che cosa fate voi qui?

VITT. Eccomi qui, strascinata dalla disperazione.

EUG. Che novità è questa? A quest'ora in maschera?

VITT. Cosa dite, eh? Che bel divertimento! A quest'ora in maschera.

EUG. Andate subito a casa vostra.

VITT. Io anderò a casa, e voi resterete al divertimento.

EUG. Voi andate a casa, ed io resterò dove mi piacerà di restare.

VITT. Bella vita, signor consorte!

EUG. Meno ciarle, signora, vada a casa, che farà meglio.

VITT. Sì, anderò a casa; ma anderò a casa mia, non a casa vostra.

EUG. Dove intendereste d'andare?

VITT. Da mio padre, il quale, nauseato de' mali trattamenti che voi mi fate, saprà farsi render ragione del vostro procedere,[269] e della mia dote.[270]

EUG. Brava, signora, brava. Questo è il gran bene che mi volete, questa è la premura che avete di me e della mia riputazione.

VITT. Ho sempre sentito dire che crudeltà consuma amore. Ho tanto sofferto, ho tanto pianto: ma ora non posso più.

EUG. Finalmente[271] che cosa vi ho fatto?

---

[268] Insiste nella sua versione.
[269] Agire.
[270] La *dote* è l'insieme dei beni recati dalla moglie al marito *ad onera matrimonii ferenda*.
[271] Infine.

VITT. Tutta la notte al giuoco.

EUG. Chi vi ha detto che io abbia giuocato?

VITT. Me l'ha detto il signor don Marzio, e che avete perduto cento zecchini in contanti e trenta sulla parola.

EUG. Non gli credete, non è vero.

VITT. E poi, a' divertimenti con la pellegrina.

EUG. Chi vi ha detto questo?

VITT. Il signor don Marzio.

EUG. (Che tu sia maledetto!) *(da sé)* Credetemi, non è vero.

VITT. E di più impegnare la roba mia; prendermi un paio di orecchini, senza dirmi niente? Sono azioni da farsi ad una moglie amorosa, civile e onesta, come sono io?

EUG. Come avete saputo degli orecchini?

VITT. Me l'ha detto il signor don Marzio.

EUG. Ah lingua da tanaglie![272]

VITT. Già dice il signor don Marzio, e lo diranno tutti, che uno di questi giorni sarete rovinato del tutto; ed io, prima che ciò succeda, voglio assicurarmi della mia dote.[273]

EUG. Vittoria, se mi voleste bene, non parlereste così.

VITT. Vi voglio bene anche troppo, e se non vi avessi amato tanto, sarebbe stato meglio per me.

EUG. Volete andare da vostro padre?

VITT. Sì, certamente.

EUG. Non volete più star con me?

VITT. Vi starò, quando avrete messo giudizio.

EUG. Oh signora dottoressa, non mi stia ora a seccare.[274] *(alterato)*

---

[272] Cioè: *da strappare con le tenaglie* (metodo di tortura ancor in uso nel Settecento).

[273] Non sfugga la morale mercantile dei personaggi goldoniani: l'argomento della *dote* dovrebbe far presa più di altri su Eugenio, il cui cinismo nei confronti della moglie in questa ultima scena non deve esagerarsi giacché il giovane è fuori di sé e non sa quel che dice.

[274] La battuta si spiega con l'esasperazione di Eugenio.

VITT. Zitto; non facciamo scene per la strada.

EUG. Se aveste riputazione, non verreste a cimentare[275] vostro marito in una bottega da caffè.

VITT. Non dubitate, non ci verrò più.

EUG. Animo, via di qua.

VITT. Vado, vi obbedisco, perché una moglie onesta deve obbedire anche un marito indiscreto. Ma forse forse sospirerete d'avermi, quando non mi potrete vedere. Chiamerete forse per nome la vostra cara consorte, quando ella non sarà in grado più di rispondervi e di aiutarvi. Non vi potrete dolere dell'amor mio. Ho fatto quanto fare poteva una moglie innamorata di suo marito. M'avete con ingratitudine corrisposto; pazienza. Piangerò da voi lontana, ma non saprò così spesso i torti che voi mi fate. V'amerò sempre, ma non mi vedrete mai più. *(parte)*[276]

EUG. Povera donna! Mi ha intenerito. So che lo dice, ma non è capace di farlo: le anderò dietro alla lontana, e la piglierò colle buone. S'ella mi porta via la dote, son rovinato. Ma non avrà cuore di farlo. Quando la moglie è in collera, quattro carezze bastano per consolarla. *(parte)*[277]

[275] Mettere a cimento, alla prova.
[276] Anche questa (lunga) battuta ricorda il repertorio delle *amorose* (cfr. *Nota* 254).
[277] Spiace l'eccessivo cinismo di Eugenio, ma è stato osservato dai critici che forse Goldoni ha costruito così il suo personaggio allo scopo di strappare applausi divertiti dal pubblico spesso grossolano.

# ATTO SECONDO

## SCENA PRIMA
RIDOLFO dalla strada, poi TRAPPOLA dalla
bottega interna

RID. Ehi, giovani, dove siete?

TRAPP. Son qui, padrone.

RID. Si lascia la bottega sola, eh?

TRAPP. Ero lì coll'occhio attento, e coll'orecchio in ve-
glia.[1] E poi, che volete voi che rubino? Dietro al banco
non vien nessuno.

RID. Possono rubar le chicchere. So io che vi è qualcheduno, che si fa l'assortimento di chicchere, sgraffignan-
dole una alla volta ai poveri bottegai.

TRAPP. Come quelli che vanno dove sono rinfreschi,
per farsi provvisione di tazze e di tondini.[2]

RID. Il signor Eugenio è andato via?

TRAPP. Oh, se sapeste! È venuta sua moglie: oh, che
pianti! oh, che lamenti! Barbaro, traditore, crudele! Un
poco amorosa, un poco sdegnata. Ha fatto tanto, che lo
ha intenerito.[3]

RID. E dove è andato?

TRAPP. Che domande! Stanotte non è stato a casa, sua

---

[1] Vigile: lo stesso che *attento*.

[2] *Provvista* di tazza e *piattini*.

[3] Commosso: ma *intenerito* è più da scena amorosa.

moglie lo viene a ricercare, e domandate dove è andato?

RID. Ha lasciato nessun ordine?

TRAPP. È tornato per la porticina di dietro, a dirmi che a voi si raccomanda per il negozio dei panni, perché non ne ha uno.[4]

RID. Le due pezze di panno le ho vendute a tredici lire il braccio, ed ho tirato[5] il denaro, ma non voglio ch'egli lo sappia; non glieli voglio dar tutti, perché, se li ha nelle mani, li farà saltare in un giorno.

TRAPP. Quando sa che li avete, li vorrà subito.

RID. Non gli dirò d'averli avuti, gli darò il suo bisogno,[6] e mi regolerò con prudenza.

TRAPP. Eccolo che viene. *Lupus est in fabula.*[7]

RID. Che cosa vuol dire questo latino?

TRAPP. Vuol dire: il lupo pesta la fava.[8] *(si ritira in bottega ridendo)*

RID. È curioso costui. Vuol parlare latino, e non sa nemmeno parlare italiano.


SCENA SECONDA

RIDOLFO ed EUGENIO


EUG. Ebbene, amico Ridolfo, avete fatto niente?

RID. Ho fatto qualche cosa.

EUG. So che avete avute le due pezze di panno: il giovine me lo ha detto. Le avete esitate?[9]

RID. Le ho esitate.

---

[4] Di quattrino.

[5] Riscosso.

[6] Quanto gli necessita.

[7] «Il lupo nella favola»: detto latino indicante il sopravvenire della persona di cui si sta parlando.

[8] La facezia spiega il *latinorum* in bocca ad un servitore, che, tra l'altro, si esprime con un doppio senso abbastanza pesante.

[9] Vendute (cfr. Atto I, *Nota* 180 p. 108).

EUG. A quanto?

RID. A tredici lire il braccio.

EUG. Mi contento; denari subito?

RID. Parte alla mano, e parte col respiro.[10]

EUG. Oimè! Quanto alla mano?

RID. Quaranta zecchini.

EUG. Via, non vi è male. Datemeli, che vengono a tempo.[11]

RID. Ma piano, signor Eugenio, V.S. sa pure che gli ho prestati trenta zecchini.

EUG. Bene, vi pagherete, quando verrà il restante del panno.

RID. Questo, la mi perdoni, non è un sentimento onesto da par suo. Ella sa come l'ho servita, con prontezza, spontaneamente, senza interesse, e la mi vuol far aspettare? Anch'io, signore, ho bisogno del mio.

EUG. Via, avete ragione. Compatitemi, avete ragione. Tenetevi li[12] trenta zecchini, e date quei dieci a me.

RID. Con questi dieci zecchini non vuol pagare il signor don Marzio? Non si vuol levar d'intorno codesto diavolo tormentatore?

EUG. Ha il pegno in mano, aspetterà.

RID. Così poco stima V.S. la sua riputazione? Si vuol lasciar malmenare dalla lingua d'un chiacchierone? Da uno che fa servizio apposta per vantarsi d'averlo fatto, e che non ha altro piacere che metter in discredito i galantuomini?

EUG. Dite bene, bisogna pagarlo. Ma ho io da restar senza denari? Quanto respiro avete accordato al compratore?

RID. Di quanto avrebbe di bisogno?[13]

EUG. Che so io? Dieci o dodici zecchini.

---

[10] Con un po' di respiro, cioè tra un po' di tempo.
[11] Al momento opportuno.
[12] Il solito uso oscillante degli articoli in Goldoni.
[13] Avrebbe bisogno di quanto? (espressione un po' impacciata).

RID. Servita subito: questi sono dieci zecchini, e quando viene il signor don Marzio, io ricupererò gli orecchini.

EUG. Questi dieci zecchini che mi date, di qual ragione[14] s'intende che sieno?

RID. Li tenga, e non pensi altro. A suo tempo conteggeremo.[15]

EUG. Ma quando tireremo[16] il resto del panno?

RID. La non ci pensi. Spenda quelli, e poi qualche cosa sarà:[17] ma badi bene di spenderli a dovere, di non gettarli.[18]

EUG. Sì, amico, vi sono obbligato. Ricordatevi nel conto del panno tenervi la vostra senseria.[19]

RID. Mi maraviglio: fo il caffettiere e non fo il sensale. Se m'incomodo per un padrone,[20] per un amico, non pretendo di farlo per interesse. Ogni uomo è in obbligo di aiutar l'altro quando può, ed io principalmente ho obbligo di farlo con V.S., per gratitudine del bene che ho ricevuto dal suo signor padre. Mi chiamerò bastantemente ricompensato, se di questi denari, che onoratamente gli[21] ho procurati, se ne servità per profitto della sua casa, per risarcire il suo decoro e la sua estimazione.[22]

EUG. Voi siete un uomo molto proprio[23] e civile: è peccato che facciate questo mestiere; meritereste meglio[24] stato e fortuna maggiore.

RID. Io mi contento di quello che il cielo mi concede, e non iscambierei il mio stato con tanti altri che hanno più

[14] Partita ( = scrittura relativa ad una merce); l'espressione è propria del linguaggio mercantile del tempo.
[15] Faremo i conti esatti.
[16] Riscuoteremo.
[17] Avanzerà.
[18] Gettarli *via* giocando d'azzardo.
[19] Una percentuale per la *mediazione* («senseria»).
[20] Il padre di Eugenio.
[21] Le.
[22] Reputazione, buon nome.
[23] Dabbene.
[24] Migliore (toscanismo).

apparenza, e meno sostanza. A me nel mio grado non manca niente. Fo un mestiere onorato, un mestiere, nell'ordine degli artigiani,[25] pulito, decoroso e civile. Un mestiere che, esercitato con buona maniera e con riputazione, si rende grato a tutti gli ordini[26] delle persone. Un mestiere reso necessario al decoro della città, alla salute degli uomini, e all'onesto divertimento di chi ha bisogno di respirare.[27] *(entra in bottega)*

EUG. Costui è un uomo di garbo: non vorrei però che qualcheduno dicesse che è troppo dottore. Infatti per un caffettiere pare che dica troppo; ma in tutte le professioni vi sono degli uomini di talento e di probità. Finalmente[28] non parla né di filosofia, né di matematica: parla da uomo di buon giudizio: e volesse il cielo che io ne avessi tanto, quanto egli ne ha.


## SCENA TERZA

Conte LEANDRO, di casa di Lisaura, ed EUGENIO


LEAN. Signor Eugenio, questi sono i vostri denari; eccoli qui tutti in questa borsa; se volete che ve li renda, andiamo.[29]

EUG. Son troppo sfortunato, non giuoco più.

LEAN. Dice il proverbio: Una volta corre il cane, e l'altra la lepre.

EUG. Ma io sono sempre la lepre, e voi sempre il cane.

LEAN. Ho un sonno che non ci vedo. Son sicuro di non poter tenere le carte in mano; eppure per questo maledetto vizio non m'importa di perdere, purché giuochi.

EUG. Anch'io ho sonno. Oggi non giuoco certo.

[25] Categoria degli artigiani (in questo caso bottegai).
[26] Categorie, classi.
[27] Fermarsi *a respirare*, cioè riposare sedendosi al caffè. Anche da questa battuta emerge la morale borghese di Goldoni.
[28] Infine, dopo tutto.
[29] A giocare nuovamente.

LEAN. Se non avete denari, non importa; io vi credo.[30]

EUG. Credete che sia senza denari? Questi sono zecchini; ma non voglio giuocare. *(mostra la borsa con li dieci zecchini)*

LEAN. Giuochiamo almeno una cioccolata.

EUG. Non ne ho volontà.[31]

LEAN. Una cioccolata per servizio.[32]

EUG. Ma se vi dico...

LEAN. Una cioccolata sola sola, e chi parla di giuocar di più, perda un ducato.[33]

EUG. Via, per una cioccolata, andiamo. (Già Ridolfo non mi vede). *(da sé)*

LEAN. (Il merlotto è nella rete). *(entra con Eugenio nella bottega del giuoco)*


## SCENA QUARTA
### DON MARZIO, poi RIDOLFO dalla bottega

DON MAR. Tutti gli orefici gioiellieri mi dicono che non vagliono dieci zecchini. Tutti mi maravigliano che Eugenio m'abbia gabbato. Non si può far servizio;[34] non do più un soldo a nessuno, se lo vedessi[35] crepare. Dove diavolo sarà costui? Si sarà nascosto per non pagarmi.

RID. Signore, ha ella gli orecchini del signor Eugenio?

DON MAR. Eccoli qui, questi belli orecchini non vagliono un corno; mi ha trappolato.[36] Briccone! si è ritirato[37] per non pagarmi; è fallito, è fallito.

---

[30] Vi faccio credito. Ma l'espressione di Leandro induce Eugenio a fraintendere.

[31] Voglia. Ma l'espressione usata sembra più forte.

[32] Per piacere, ma anche come *prima posta* della nuova partita.

[33] Leandro è un giocatore incallito: Eugenio, naturalmente, cede.

[34] Piacere. Ma Don Marzio riprende così la battuta di Leandro (cfr. *Nota* 32).

[35] Neanche se.

[36] Fatto cadere in una trappola, ingannato.

[37] È fuggito.

RID. Prenda, signore, e non faccia altro fracasso; questi sono dieci zecchini, favorisca darmi i pendenti.[38]

DON MAR. Sono di peso?[39] *(osserva coll'occhialetto)*

RID. Glieli mantengo di peso;[40] e se calano, son qua io.

DON MAR. Li mettete fuori voi?[41]

RID. Io non c'entro; questi sono denari del signor Eugenio.

DON MAR. Come ha fatto a trovare questi denari?

RID. Io non so i fatti suoi.

DON MAR. Li ha vinti al giuoco?

RID. Le dico che non lo so.

DON MAR. Ah, ora che ci penso, avrà venduto il panno. Sì, sì, ha venduto il panno; gliel'ha fatto vendere messer Pandolfo.

RID. Sia come esser si voglia, prenda i denari, e favorisca rendere a me gli orecchini.

DON MAR. Ve li ha dati da sé[42] il signor Eugenio, o ve li ha dati Pandolfo?

RID. Oh, l'è lunga![43] Li vuole, o non li vuole?

DON MAR. Date qua, date qua. Povero panno! L'avrà precipitato.[44]

RID. Mi dà gli orecchini?

DON MAR. Li avete da portar a lui?

RID. A lui.

DON MAR. A lui, o a sua moglie?

RID. O a lui, o a sua moglie. *(con impazienza)*

DON MAR. Egli dov'è?

RID. Non lo so.

---

[38] Gli orecchini.
[39] Sono del *giusto peso*?
[40] Le garantisco che sono zecchini del *peso giusto*.
[41] Siete voi che pagate? Ma nell'espressione usata da Don Marzio («metter fuori») c'è un che d'insultante, quasi che Ridolfo li *esponga* al rischio di non vederli più.
[42] Egli stesso.
[43] Dialettale.
[44] Dato via per niente.

DON MAR. Dunque li porterete a sua moglie?

RID. Li porterò a sua moglie.

DON MAR. Voglio venire anch'io.

RID. Li dia a me, e non pensi altro. Sono un galantuomo. [45]

DON MAR. Andiamo, andiamo, portiamoli a sua moglie. *(s'incammina)*

RID. So andarvi senza di lei.

DON MAR. Voglio farle questa finezza. [46] Andiamo, andiamo. *(parte)*

RID. Quando vuole una cosa, non vi è rimedio. Giovani, badate alla bottega. *(lo segue)*


## SCENA QUINTA

GARZONI in bottega, EUGENIO dalla biscazza


EUG. Maledetta fortuna! Li ho persi tutti. Per una cioccolata ho perso dieci zecchini. Ma l'azione che mi ha fatto, mi dispiace più della perdita. Tirarmi sotto, [47] vincermi tutti i denari, e poi non volermi credere [48] sulla parola? Ora sì, che son punto; [49] ora sì, che darei dentro [50] a giuocare fino a domani. Dica Ridolfo quel che sa dire; bisogna che mi dia degli altri denari. Giovani, dov'è il padrone?

GARZ. È andato via in questo punto.

EUG. Dov'è andato?

GARZ. Non lo so, signore.

EUG. Maledetto Ridolfo! Dove diavolo sarà andato? Signor conte, aspettatemi, che or ora torno. [51] *(alla porta*

[45] Come a dire: *di me si può fidare.*
[46] Cortesia.
[47] Attirarmi nella trappola della sua macchinazione.
[48] Fare credito. Ma nella scena 2ª del II atto Leandro si era espresso diversamente: evidentemente si trattava di una perfida macchinazione.
[49] Sono messo al punto.
[50] *Ci* darei dentro, vale a dire: mi *ostinerei a.*
[51] Tra breve.

*della bisca)* Voglio veder se trovo questo diavolo di Ridolfo.[52] *(in atto di partire)*

## SCENA SESTA
PANDOLFO dalla strada, e detto

PAND. Dove, dove,[53] signor Eugenio così riscaldato?

EUG. Avete veduto Ridolfo?

PAND. Io no.

EUG. Avete fatto niente del panno?

PAND. Signor sì, ho fatto.

EUG. Via, bravo: che avete fatto?

PAND. Ho ritrovato[54] il compratore del panno; ma con che fatica! L'ho fatto vedere da più di dieci, e tutti lo stimano poco.

EUG. Questo compratore quanto vuol dare?

PAND. A forza di parole l'ho tirato a darmi otto lire al braccio.

EUG. Che diavolo dite? Otto lire al braccio? Ridolfo me ne ha fatto vendere due pezze a tredici lire.

PAND. Denari subito?

EUG. Parte subito, e il resto con respiro.

PAND. Oh che buon negozio![55] Col respiro! Io vi fo dare tutti i denari un sopra l'altro. Tante braccia di panno, tanti bei ducati d'argento veneziani.

EUG. (Ridolfo non si vede! Vorrei denari; son punto). *(da sé)*

PAND. Se avessi voluto vendere il panno a credenza,[56]

---

[52] Al solito le espressioni concitate di Eugenio (*Maledetto Ridolfo! ... questo diavolo di Ridolfo*) non sono dovute al solo cinismo, ma anche all'orgasmo del momento.

[53] Dove, dove *va*.

[54] Ho trovato (espressione arcaica).

[55] Affare.

[56] Credito.

l'avrei venduto anche sedici lire. Ma col denaro alla mano; al dì d'oggi,[57] quando si possono pigliare, si pigliano.

EUG. Ma se costa a me dieci lire.

PAND. Cosa importa perder due lire al braccio nel panno, se avete i quattrini per fare i fatti vostri, e da potervi ricattare[58] di quel che avete perduto?

EUG. Non si potrebbe migliorare il negozio? Darlo per il costo?

PAND. Non vi è speranza di crescere un quattrinello.

EUG. (Bisogna farlo per necessità). *(da sé)* Via, quel che s'ha da fare, si faccia subito.

PAND. Fatemi l'ordine per aver le due pezze di panno, e in mezz'ora vi porto qui il denaro.

EUG. Son qui subito. Giovani, datemi da scrivere. *(i garzoni portano il tavolino, col bisogno[59] per iscrivere)*

PAND. Scrivete al giovine, che mi dia quelle due pezze di panno che ho segnate io.

EUG. Benissimo, per me è tutt'uno. *(scrive)*

PAND. (Oh, che bell'abito[60] che mi voglio fare!) *(da sé)*

SCENA SETTIMA
RIDOLFO dalla strada, e detti

RID. (Il signor Eugenio scrive d'accordo con messer Pandolfo. Vi è qualche novità).*(da sé)*

PAND. (Non vorrei che costui mi venisse a interrompere sul più bello). *(da sé, vedendo Ridolfo)*

RID. Signor Eugenio, servitor suo.

EUG. Oh, vi saluto. *(seguitando a scrivere)*

---

[57] Di questi tempi: la solita (ipocrita) punta del *laudator temporis acti*.
[58] Rifare.
[59] Occorrente, necessario.
[60] Pandolfo sembra abbia cambiato idea: prima voleva farsi un *mantello*, ora un *abito*.

6.

RID. Negozi, negozi, signor Eugenio? Negozi?

EUG. Un piccolo negozietto.[61] *(scrivendo)*

RID. Posso esser degno di saper qualche cosa?

EUG. Vedete cosa vuol dire a dar la roba a credenza?[62] Non mi posso prevalere[63] del mio; ho bisogno di denari e conviene ch'io rompa il collo[64] ad altre due pezze di panno.

PAND. Non si dice, che rompa il collo a due pezze di panno, ma che le venda come si può.

RID. Quanto le danno al braccio?

EUG. Mi vergogno a dirlo. Otto lire.

PAND. Ma i suoi quattrini un sopra l'altro.[65]

RID. E V.S. vuol precipitar la sua roba così miseramente?

EUG. Ma se non posso fare a meno! Ho bisogno di denari.

PAND. Non è anche[66] poco, da un'ora all'altra trovar i denari che gli bisognano.

RID. Di quanto avrebbe di bisogno? *(ad Eugenio)*

EUG. Che? Avete da darmene?

PAND. (Sta a vedere che costui mi rovina il negozio). *(da sé)*

RID. Se bastassero sei o sette zecchini, li troverei.

EUG. Eh via! Freddure, freddure.[67] Ho bisogno di denari. *(scrive)*

PAND. (Manco male!) *(da sé)*

RID. Aspetti; quanto importeranno[68] le due pezze di panno a otto lire il braccio?

EUG. Facciamo il conto. Le pezze tirano[69] sessanta

---

[61] Un affaruccio (detto tanto per minimizzare).
[62] A credito.
[63] Servire, valere.
[64] *Precipiti*, cioè svenda.
[65] Contanti e non «a credenza».
[66] Non è neppure.
[67] Sciocchezze, scherzi.
[68] Quanto faranno, quale sarà il valore.
[69] Sono lunghe.

braccia l'una: due via sessanta, cento e venti. Cento e venti ducati d'argento.

PAND. Ma vi è poi la senseria da pagare.

RID. A chi si paga la senseria? *(a Pandolfo)*

PAND. A me, signore, a me *(a Ridolfo)*

RID. Benissimo. Cento e venti ducati d'argento, a lire otto l'uno, quanti zecchini fanno?

EUG. Ogni undici, quattro zecchini. Dieci via undici, cento e dieci, e undici cento e ventuno. Quattro via undici, quarantaquattro. Quarantaquattro zecchini, meno un ducato. Quarantatrè e quattordici lire, moneta veneziana.

PAND. Dica pure quaranta zecchini. I rotti[70] vanno per la senseria.

EUG. Anche i tre zecchini vanno ne' rotti?

PAND. Certo, ma i denari subito.

EUG. Via, via, non importa. Ve li dono.

RID. (Oh che ladro!) *(da sé)* Faccia ora il conto, signor Eugenio, quanto importano le due pezze di panno, a tredici lire?

EUG. Oh, importano molto più.

PAND. Ma col respiro; e non può fare i fatti suoi.

RID. Faccia il conto.

EUG. Ora lo farò colla penna. *Cento e venti braccia, a lire tredici al braccio. Tre via nulla; due via tre sei; un via tre; un via nulla; un via due; un via uno; somma; nulla; sei; due e tre cinque; uno. Mille cinquecento e sessanta lire.*

RID. Quanti zecchini fanno?

EUG. Subito ve lo so dire. *(conteggia)* Settanta zecchini e venti lire.

RID. Senza la senseria.

EUG. Senza la senseria.

[70] Il resto. Ma anche oggi diciamo, dopo l'enunciazione d'una somma esatta, *e rotti*.

PAND. Ma aspettarli chi sa quanto. Val più una pollastra oggi, che un cappone domani.

RID. Ella ha avuto da me: prima trenta zecchini, e poi dieci che fan quaranta, e dieci degli orecchini che ho ricuperati, che sono cinquanta. Dunque ha avuto da me a quest'ora dieci zecchini di più di quello che gli[71] dà subito alla mano, un sopra l'altro, questo onoratissimo signor sensale.

PAND. (Che tu sia maledetto!) *(da sé)*

EUG. È vero, avete ragione; ma adesso ho necessità di denari.

RID. Ha necessità di denari? Ecco i denari: questi sono venti zecchini e venti lire, che formano il resto di settanta zecchini e venti lire, prezzo delle cento e venti braccia di panno, a tredici lire il braccio, senza pagare un soldo di senseria;[72] subito alla mano, un sopra l'altro, senza ladronerie, senza scrocchi, senza bricconate da truffatori.

EUG. Quand'è così, Ridolfo caro, sempre più vi ringrazio; straccio quest'ordine, e da voi, signor sensale, non mi occorre altro. *(a Pandolfo)*

PAND. (Il diavolo l'ha condotto qui. L'abito è andato in fumo). *(da sé)* Bene, non importa, averò[73] gettati via i miei passi.

EUG. Mi dispiace del vostro incomodo.

PAND. Almeno da bevere l'acquavite.[74]

EUG. Aspettate, tenete questo ducato. *(cava un ducato dalla borsa che gli ha dato Ridolfo)*

PAND. Obbligatissimo. (Già vi cascherà un'altra volta).[75] *(da sé)*

RID. (Ecco come getta via i suoi denari). *(da sé)*

PAND. Mi comanda altro? *(ad Eugenio)*

---

[71] Le.
[72] Nessuna percentuale sulla mediazione.
[73] Avrò (arcaismo).
[74] Almeno *una mancia per bermi un bicchiere d'acquavite.*
[75] Nel ... vizio del gioco.

EUG. La grazia vostra.[76]

PAND. (Vuole?) *(gli fa cenno se vuol giuocare, in maniera che Ridolfo non veda)*

EUG. (Andate, che vengo). *(di nascosto egli pure a Pandolfo)*

PAND. (Già se li giuoca prima del desinare). *(va nella sua bottega e poi torna fuori)*

EUG. Come è andata, Ridolfo? Avete veduto il debitore così presto? Vi ha dati subito li denari?

RID. Per dirgli[77] la verità, li avevo in tasca sin dalla prima volta; ma io non glieli voleva dar tutti subito, acciò non li mandasse male[78] sì presto.

EUG. Mi fate torto a dirmi così: non sono già[79] un ragazzo. Basta... dove sono gli orecchini?

RID. Quel caro signor don Marzio, dopo aver avuti i dieci zecchini, ha voluto per forza portar gli orecchini colle sue mani alla signora Vittoria.

EUG. Avete parlato voi con mia moglie?

RID. Ho parlato certo: sono andato anch'io col signor don Marzio.

EUG. Che dice?

RID. Non fa altro che piangere. Poverina! fa compassione.

EUG. Se sapeste come era arrabbiata[80] contro di me! Voleva andar da suo padre, voleva la sua dote, voleva far delle cose grandi.

RID. Come l'ha accomodata?[81]

EUG. Con quattro carezze.

RID. Si vede che le vuol bene; è assai di buon cuore.

EUG. Ma quando va in collera, diventa una bestia.

RID. Non bisogna poi maltrattarla. È una signora nata

[76] Detto con ironia.
[77] Dirle.
[78] Non li mandasse *in malora*.
[79] Più.
[80] Forma certamente poco elegante.
[81] Come ha sistemato la faccenda con lei?

bene, allevata bene. M'ha detto, che s'io la vedo, gli dica che vada a pranzo a buon'ora.

EUG. Sì sì, ora vado.

RID. Caro signor Eugenio, la prego, badi al sodo,[82] lasci andar il giuoco; non si perda dietro alle donne; giacché V.S. ha una moglie giovine, bella e che gli vuol bene, che vuol cercare di più?

EUG. Dite bene; vi ringrazio davvero.

PAND. *(Dalla sua bottega si spurga*[83] *acciò Eugenio lo senta e lo guardi. Eugenio si volta. Pandolfo fa cenno che Leandro l'aspetta a giuocare. Eugenio colla mano fa cenno che anderà; Pandolfo torna in bottega. Ridolfo non se ne avvede)*[84]

RID. Io la consiglierei andar[85] a casa adesso. Poco manca al mezzogiorno. Vada, consoli la sua cara sposa.

EUG. Sì, vado subito. Oggi ci rivedremo.

RID. Dove posso servirla, la[86] mi comandi.

EUG. Vi sono tanto obbligato. *(vorrebbe andare al giuoco, ma teme che Ridolfo la veda)*

RID. Comanda niente? Ha bisogno di niente?

EUG. Niente, niente. A rivedervi.

RID. Le son servitore. *(si volta verso la sua bottega)*

EUG. *(Vedendo che Ridolfo non l'osserva, entra nella bottega del giuoco)*


## SCENA OTTAVA
### RIDOLFO, poi DON MARZIO

RID. Spero un poco alla volta tirarlo in[87] buona strada. Mi dirà qualcuno: perché vuoi tu romperti il capo per un

---

[82] Alla sostanza.
[83] Tossisce come chi vuol farsi sentire. C'è della volgarità in questo comportamento.
[84] Accorge.
[85] *Di* andar (il solito uso anomalo delle preposizioni in Goldoni).
[86] Il solito toscanismo o venezianismo.
[87] Sulla.

giovine che non è tuo parente, che non è niente del tuo? E per questo? Non si può voler bene a un amico? Non si può far del bene a una famiglia, verso la quale ho delle obbligazioni?[88] Questo nostro mestiere ha dell'ozio assai.[89] Il tempo che avanza, molti lo impiegano o a giuocare, o a dir male del prossimo. Io l'impiego a far del bene, se posso.

DON MAR. Oh che bestia! Oh che bestia! Oh che asino!

RID. Con chi l'ha, signor don Marzio?

DON MAR. Senti, senti, Ridolfo, se vuoi ridere. Un medico vuol[90] sostenere che l'acqua calda sia più sana dell'acqua fredda.

RID. Ella non è di quest'opinione?

DON MAR. L'acqua calda debilita lo stomaco.

RID. Certamente rilassa la fibra.[91]

DON MAR. Cos'è questa fibra?

RID. Ho sentito dire che nel nostro stomaco vi sono due fibre, quasi come due nervi, dalle quali si macina il cibo, e quando queste fibre si rallentano, si fa una cattiva digestione.

DON MAR. Sì signore, sì signore; l'acqua calda rilassa il ventricolo, e la *sistole* e la *diastole* non possono triturare il cibo.

RID. Come c'entra la *sistole* e la *diastole*?

DON MAR. Che cosa sai tu, che sei un somaro? *Sistole* e *diastole* sono i nomi delle due fibre, che fanno la triturazione del cibo digestivo.

RID. (Oh che spropositi![92] Altro che il mio Trappola!) *(da sé)*

---

[88] Obblighi (morali).
[89] Permette d'aver molto tempo libero.
[90] Fa di tutto per.
[91] Rilassa *le fibre*.
[92] Con *sistole* e *diastole* s'intende il restringersi e il dilatarsi del cuore, dunque nulla a che vedere con lo stomaco e la digestione. Lo sa perfino... Ridolfo, che è un ignorante. Rimane comunque poco chiaro il perché di questa scena nell'economia della commedia. Quanto a simili argomenti, quando ve ne siano nelle commedie goldoniane, non si dimentichi che il padre dell'Autore era medico e che Carlo stesso aveva corso il rischio di diventarlo.

## SCENA NONA
LISAURA alla finestra, e detti

DON MAR. Ehi? L'amica della porta di dietro. *(a Ridolfo)*

RID. Con sua licenza, vado a badare al caffè. *(va nell'interno della bottega)*

DON MAR. Costui è un asino, vuol serrar presto la bottega.[93] Servitor suo, padrona mia. *(a Lisaura, guardandola di quando in quando col solito occhialetto)*

LIS. Serva umilissima.

DON MAR. Sta bene?

LIS. Per servirla.

DON MAR. Quant'è che non ha veduto il conte Leandro?

LIS. Un'ora in circa.

DON MAR. È mio amico il conte.

LIS. Me ne rallegro.

DON MAR. Che degno galantuomo!

LIS. È tutta sua bontà.[94]

DON MAR. Ehi? È vostro marito?[95]

LIS. I fatti miei non li dico sulla finestra.

DON MAR. Aprite, aprite, che parleremo.

LIS. Mi scusi, io non ricevo visite.

DON MAR. Eh via!

LIS. No davvero.

DON MAR. Verrò per la porta di dietro.

LIS. Anche ella si sogna[96] della porta di dietro? Io non apro a nessuno.

DON MAR. A me non avete a dir così. So benissimo che introducete[97] la gente per di là.

LIS. Io sono una donna onorata.

[93] Nel senso che farà fuggire i clienti e *sarà costretto a chiudere bottega.*

[94] Espressione di cortesia verso l'interlocutore.

[95] Domanda dettata da pura cattiveria.

[96] Si fa delle *strane idee,* come sono strani i sogni.

[97] Fate entrare.

142

DON MAR. Volete che vi regali quattro castagne secche? [98] *(le cava dalla tasca)*

LIS. La ringrazio infinitamente.

DON MAR. Sono buone, sapete. Le fo seccare io ne' miei beni. [99]

LIS. Si vede che ha buona mano [100] a seccare.

DON MAR. Perché?

LIS. Perché ha seccato anche me.

DON MAR. Brava! Spiritosa! Se siete così pronta a far le capriole, sarete una brava ballerina. [101]

LIS. A lei non deve premere che sia brava o non brava.

DON MAR. In verità, non me ne importa un fico. [102]


## SCENA DECIMA

PLACIDA da pellegrina, alla finestra della locanda, e detti


PLAC. (Non vedo più il signor Eugenio). *(da sé)*

DON MAR. Ehi? Avete veduto la pellegrina? *(a Lisaura, dopo avere osservato Placida coll'occhialetto)*

LIS. E chi è colei?

DON MAR. Una di quelle del buon tempo. [103]

LIS. E il locandiere riceve gente di quella sorta? [104]

DON MAR. È mantenuta.

LIS. Da chi?

DON MAR. Dal signor Eugenio.

LIS. Da un uomo ammogliato? Meglio! [105]

[98] Qualche cosa (ma di poco prezzo). Non è ben chiara, però, la loro funzione nell'economia della commedia.
[99] Poco chiaro è il senso: vuol forse dire che ha dei magazzini, nel suo patrimonio, in cui le fa seccare? O che è tutto quello che ha?
[100] È esperto, è bravo.
[101] Don Marzio ha accettato la schermaglia del gioco di parole.
[102] Prima le *castagne* poi il *fico* ('secco'?!).
[103] Che si danno buon tempo.
[104] Razza.
[105] Detto con ironia.

DON MAR. L'anno passato, ha fatto le sue.[106]

LIS. Serva sua. *(ritirandosi)*

DON MAR. Andate via?

LIS. Non voglio stare alla finestra, quando in faccia vi è una donna di quel carattere.[107] *(si ritira)*


SCENA UNDICESIMA

PLACIDA alla finestra, DON MARZIO nella strada


DON MAR. Oh, oh, oh, questa è bella! La ballerina si ritira, per paura di perdere il suo decoro![108] Signora pellegrina, la riverisco. *(coll'occhialetto)*

PLAC. Serva, devota.

DON MAR. Dov'è il signor Eugenio?

PLAC. Lo conosce ella il signore Eugenio?[109]

DON MAR. Oh, siamo amicissimi. Sono stato poco fa a ritrovare sua moglie.

PLAC. Dunque il signor Eugenio ha moglie?

DON MAR. Sicuro che ha moglie; ma ciò non ostante gli piace divertirsi coi bei visetti. Avete veduto quella signora che era a quella finestra?

PLAC. L'ho veduta; mi ha fatto la finezza[110] di chiudermi la finestra in faccia, senza fare alcun motto,[111] dopo avermi ben bene guardata.

DON MAR. Quella è una che passa per ballerina, ma... m'intendete.

PLAC. È una poco di buono?


[106] Ne ha fatte di tutti i colori.

[107] Di *quella sorta*, di quella specie.

[108] Infatti secondo Don Marzio non ne ha né poco né tanto, di *decoro*!

[109] Si noti il modo di esprimersi pieno di rispetto: quello spiantato e vizioso di Eugenio è diventato il *signor Eugenio*.

[110] Detto con ironia: non s'è trattato certo di *finezza*, cioè *cortesia*.

[111] Parola (francesismo).

144

DON MAR. Sì, e il signore Eugenio è uno dei suoi protettori.

PLAC. E ha moglie?

DON MAR. E bella ancora.[112]

PLAC. Per tutto il mondo vi sono de' giovani scapestrati.

DON MAR. Vi ha forse dato ad intendere che non era ammogliato?

PLAC. A me poco preme che lo sia o non lo sia.

DON MAR. Voi siete indifferente. Lo ricevete[113] com'è.

PLAC. Per quello che ne ho da far io, mi è tutt'uno.

DON MAR. Già si sa. Oggi uno, domani un altro.

PLAC. Come sarebbe a dire? Si spieghi.

DON MAR. Volete quattro castagne secche?[114] *(le cava di tasca)*

PLAC. Bene obbligata.

DON MAR. Davvero, se volete, ve le do.

PLAC. È molto generoso, signore.

DON MAR. Veramente al vostro merito quattro castagne sono poche. Se volete, aggiungerò alle castagne un paio di lire.

PLAC. Asino, senza creanza. *(serra la finestra, e parte)*

DON MAR. Non si degna di due lire, e l'anno passato si degnava di meno. Ridolfo. *(chiama forte)*


SCENA DODICESIMA
RIDOLFO e detto


RID. Signore?

DON MAR. Carestia di donne. Non si degnano di due lire.

[112] Per di più.
[113] Lo prendete.
[114] Nuovamente le castagne (cfr. *Nota* 99): ma che cosa significano?

RID. Ma ella le mette tutte in un mazzo.

DON MAR. Roba[115] che gira il mondo? Me ne rido.

RID. Gira il mondo anche della gente onorata.

DON MAR. Pellegrina! Ah, buffone!

RID. Non si può sapere chi sia quella pellegrina.

DON MAR. Lo so. È quella dell'anno passato.

RID. Io non l'ho più[116] veduta.

DON MAR. Perché sei un balordo.

RID. Grazie alla sua gentilezza. (Mi vien volontà di pettinargli quella parrucca). *(da sé)*


## SCENA TREDICESIMA
### EUGENIO dal giuoco, e detti

EUG. Schiavo, signori, padroni cari. *(allegro e ridente)*

RID. Come! Qui il signor Eugenio?[117]

EUG. Certo; qui sono.[118] *(ridendo)*

DON MAR. Avete vinto?

EUG. Sì signore, ho vinto, sì signore.

DON MAR. Oh, che miracolo!

EUG. Che gran caso! Non posso vincere io? Chi sono io? Sono uno stordito?[119]

RID. Signor Eugenio, è questo il proponimento di non giuocare?

EUG. State zitto. Ho vinto.

RID. E se perdeva?

EUG. Oggi non potevo perdere.


[115] Don Marzio è altamente offensivo: quasi si tratti di *merce* («roba») che gira il mondo e, per di più, di poco prezzo (cfr. «quattro castagne secche», «due lire» nella scena precedente).
[116] Mai prima d'ora (secondo l'uso antico).
[117] Infatti avrebbe dovuto trovarsi a pranzo con la moglie.
[118] Si noti il tono canzonatorio, che si esprime in un costrutto alquanto sforzato.
[119] Stupido, imbecille.

RID. No? Perché?

EUG. Quando ho da perdere, me lo sento.

RID. E quando se lo sente, perché giuoca?

EUG. Perché ho da perdere.

RID. E a casa quando si va?

EUG. Via, mi principierete a seccare? [120]

RID. Non dico altro. (Povere le mie parole! [121]) *(da sé)*


SCENA QUATTORDICESIMA

LEANDRO dalla bottega del giuoco, e detti


LEAN. Bravo, bravo; mi ha guadagnati i miei denari; e s'io non lasciava stare, mi sbancava.

EUG. Ah? Son uomo io? In tre tagli ho fatto il servizio. [122]

LEAN. Mette [123] da disperato.

EUG. Metto da giuocatore.

DON MAR. Quanto vi ha guadagnato? *(a Leandro)*

LEAN. Assai.

DON MAR. Ma pure, quanto avete vinto? *(ad Eugenio)*

EUG. Ehi; sei zecchini. *(con allegria)*

RID. (Oh pazzo maledetto! Da ieri in qua ne ha perduti cento e trenta, e gli pare aver vinto un tesoro ad averne guadagnati sei). *(da sé)*

LEAN. (Qualche volta bisogna lasciarsi vincere, per allettare). [124] *(da sé)*

DON MAR. Che volete voi fare [125] di questi sei zecchini? *(ad Eugenio)*

---

[120] Non comincerete a seccarmi?

[121] Infatti le sue parole sono state mal spese.

[122] Cfr. *Nota* 32 p. 131.

[123] Mette *le poste sul tavolo*, cioè puntare.

[124] Non si può dire che Leandro, giocatore di professione, non sia psicologo: lasciarsi vincere ogni tanto costitusce un investimento... sicuro.

[125] Costrutto arcaico e francesizzante.

EUG. Se volete che li mangiamo,[126] io ci sono.[127]

DON MAR. Mangiamoli pure.

RID. (O povere le mie fatiche!) *(da sé)*

EUG. Andiamo all'osteria? Ognuno pagherà la sua parte.

RID. (Non vi vada, la tireranno[128] a giuocare). *(piano ad Eugenio)*

EUG. (Lasciali fare: oggi sono in fortuna). *(piano a Ridolfo)*

RID. (Il male non ha rimedio). *(da sé)*

LEAN. In vece di andare all'osteria, potremmo far preparare qui sopra, nei camerini di messer Pandolfo.

EUG. Sì, dove volete; ordineremo il pranzo qui alla locanda, e lo faremo portar là sopra.

DON MAR. Io con voi altri, che siete galantuomini, vengo per tutto.

RID. (Povero gonzo! Non se ne accorge). *(da sé)*

LEAN. Ehi, messer Pandolfo.


SCENA QUINDICESIMA

PANDOLFO dal giuoco, e detti


PAND. Son qui a servirla.

LEAN. Volete farci il piacere di prestarci i vostri stanzini per desinare?

PAND. Son padroni; ma vede, anch'io... pago la pigione...

LEAN. Si sa, pagheremo l'incomodo.

EUG. Con chi credete aver che fare? Pagheremo tutto.

PAND. Benissimo, che si servano. Vado a far ripulire.[129] *(va in bottega del giuoco)*

---

[126] Che ci facciamo un pranzetto.
[127] Eccomi qui, ci sto.
[128] Indurranno.
[129] *Riassettare* per preparare convenientemente il pranzo.

148

EUG. Via, chi va a ordinare?

LEAN. Tocca a voi, come più pratico del paese. *(ad Eugenio)*

DON MAR. Sì, fate voi. *(ad Eugenio)*

EUG. Che cosa ho da ordinare?

LEAN. Fate voi.

EUG. Ma dice la canzone: *L'allegria non è perfetta, quando manca la donnetta.*

RID. (Anche di più [130] vuol la donna!) *(da sé)*

DON MAR. Il signor conte potrebbe far venire la ballerina.

LEAN. Perché no? In una compagnia d'amici non ho difficoltà di farla venire.

DON MAR. È vero che la volete sposare? *(a Leandro)*

LEAN. Ora non è tempo di parlare di queste cose.

EUG. Ed io vedrò di far venire la pellegrina.

LEAN. Chi è questa pellegrina?

EUG. Una donna civile e onorata.

DON MAR. (Sì, sì, l'informerò io di tutto). *(da sé)*

LEAN. Via, andate a ordinare il pranzo.

EUG. Quanti siamo? Noi tre, due donne che fanno cinque. Signor don Marzio, avete dama?

DON MAR. Io no. Son con voi.

EUG. Ridolfo, verrete anche voi a mangiare un boccone con noi.

RID. Le rendo grazie; io ho da badare alla mia bottega.

EUG. Eh via, non vi fate pregare.

RID. (Mi pare assai [131] che abbia tanto cuore). *(piano ad Eugenio)*

EUG. Che volete voi fare? Giacché ho vinto, voglio godere. [132]

RID. E poi?

[130] E per di più.
[131] Mi sembra *gran cosa*, cioè strano.
[132] Spassarmela.

EUG. E poi, buona notte: all'avvenire ci pensan gli astrologhi.[133] *(entra nella locanda)*

RID. (Pazienza! Ho gettata via la fatica). *(da sé, si ritira)*


## SCENA SEDICESIMA
### DON MARZIO e il conte LEANDRO

DON MAR. Via, andate a prendere la ballerina.

LEAN. Quando sarà preparato,[134] la farò venire.

DON MAR. Sediamo. Che cosa v'è di nuovo delle cose del mondo?[135]

LEAN. Io di nuove[136] non me ne diletto. *(siedono)*

DON MAR. Avete saputo che le truppe moscovite[137] sono andate a quartier d'inverno?

LEAN. Hanno fatto bene: la stagione lo richiedeva.

DON MAR. Signor no, hanno fatto male; non dovevano abbandonare il posto che avevano occupato.

LEAN. È vero. Dovevano soffrire il freddo, per non perdere l'acquistato.

DON MAR. Signor no; non avevano da arrischiarsi a star lì, con pericolo di morire nel ghiaccio.

LEAN. Dovevano dunque tirare avanti.

DON MAR. Signor no. Oh che bravo intendente di guerra! Marciar nella stagione d'inverno!

LEAN. Dunque, che cosa avevano da fare?

DON MAR. Lasciate ch'io veda la carta geografica, e poi vi dirò per l'appunto dove avevano a andare.

LEAN. (Oh che bel pazzo!) *(da sé)*

DON MAR. Siete stato all'opera?

[133] Cioè chi si dà la pena di far gli oroscopi (morale oraziana: *Tu ne quaesieris...*).

[134] Preparato *in tavola*.

[135] Di politica.

[136] Notizie.

[137] Di Mosca, cioè russe.

LEAN. Signor sì.

DON MAR. Vi piace?

LEAN. Assai.

DON MAR. Siete di cattivo gusto.

LEAN. Pazienza.

DON MAR. Di che paese siete?

LEAN. Di Torino.

DON MAR. Brutta città.

LEAN. Anzi passa per una delle belle d'Italia.

DON MAR. Io sono napolitano. Vedi Napoli, e poi muori.

LEAN. Vi darei la risposta del veneziano.[138]

DON MAR. Avete tabacco? [139]

LEAN. Eccolo. *(gli apre la scatola)*

DON MAR. Oh che cattivo tabacco!

LEAN. A me piace così.

DON MAR. Non ve n'intendete. Il vero tabacco è il rapè.[140]

LEAN. A me piace il tabacco di Spagna.

DON MAR. Il tabacco di Spagna è una porcheria.

LEAN. Ed io dico che è il miglior tabacco che si possa prendere.

DON MAR. Come! A me volete insegnare che cos'è tabacco? Io ne faccio, ne faccio fare, ne compro di qua, ne compro di là. So quel che è questo, so quel che è quello. Rapè, rapè, vuol essere rapè. *(gridando forte)*

LEAN. *(Forte ancor esso)* Signor sì, rapè, rapè, è vero; il miglior tabacco è il rapè.

DON MAR. Signor no. Il miglior tabacco non è sempre il rapè. Bisogna distinguere; non sapete quel che vi dite.

---

[138] Vedi Venezia e poi discorri.

[139] Il *tabacco da fiuto* era particolarmente apprezzato nel Settecento. Celebri sono le tabacchiere, che oggi costituiscono pezzi di pregevole antiquariato.

[140] Tabacco da fiuto piuttosto forte (dal francese *râpé*, part. pass. di *râper* = raspare).

## SCENA DICIASSETTESIMA

EUGENIO ritorna dalla locanda, e detti

EUG. Che è questo strepito?

DON MAR. Di tabacco[141] non la cedo a nessuno.

LEAN. Come va il desinare? *(ad Eugenio)*

EUG. Sarà presto fatto.

DON MAR. Viene la pellegrina?

EUG. Non vuol venire.

DON MAR. Via, signor dilettante di tabacco, andate a prendere la vostra signora.

LEAN. Vado. (Se a tavola fa così, gli tiro un tondo[142] nel mostaccio).[143] *(picchia dalla ballerina)*

DON MAR. Non avete le chiavi?

LEAN. Signor no. *(gli aprono ed entra)*

DON MAR. Avrà quelle della porta di dietro. *(ad Eugenio)*

EUG. Mi dispiace che la pellegrina non vuol venire.

DON MAR. Farà per farsi pregare.

EUG. Dice che assolutamente non è più[144] stata in Venezia.

DON MAR. A me non lo direbbe.

EUG. Siete sicuro che sia quella?

DON MAR. Sicurissimo; e poi, se poco fa ho parlato con lei e mi voleva aprire... Basta, non sono andato, per non far torto all'amico.[145]

EUG. Avete parlato con lei?

DON MAR. E come!

EUG. Vi ha conosciuto?

DON MAR. E chi non mi conosce? Sono conosciuto più della betonica.[146]

---

[141] In fatto di tabacco.

[142] Piatto.

[143] Faccia (l'uso di *mostaccio*, propriamente baffo, baffi, si ritrova di solito in espressioni volgari, come vuol essere questa).

[144] Mai.

[145] Cioè *ad Eugenio*.

[146] Erba medicinale assai in uso nella farmacopea antica. Il suo nome

EUG. Dunque fate una cosa. Andate voi a farla venire.[147]

DON MAR. Se vi vado io, avrà soggezione.[148] Fate così: aspettate che sia in tavola; andatela a prendere, e senza dir nulla conducetela su.

EUG. Ho fatto quanto ho potuto, e m'ha detto liberamente[149] che non vuol venire.


## SCENA DICIOTTESIMA

CAMERIERI di locanda, che portano tovaglia, tovaglioli, tondini, posate, vino, pane, bicchieri e pietanze in bottega di Pandolfo, andando e tornando varie volte; poi LEANDRO, LISAURA e detti

CAM. Signori, la minestra è in tavola. *(va cogli altri in bottega del giuoco)*

EUG. Il conte dov'è? *(a don Marzio)*

DON MAR. *(Batte forte alla porta di Lisaura)* Animo, presto, la zuppa si fredda.[150]

LEAN. *(Dando mano a Lisaura)* Eccoci, eccoci.

EUG. Padrona mia riverita. *(a Lisaura)*

DON MAR. Schiavo suo. *(a Lisaura, guardandola coll'occhialetto)*

LIS. Serva di lor signori.

EUG. Godo che siamo degni della sua compagnia. *(a Lisaura)*

LIS. Per compiacere il signor conte.[151]

buffo e la sua obiettiva diffusione hanno dato origine al detto popolare *esser conosciuto più della betonica, esser una betonica.*
[147] Non sfugga il gioco di parole: *Andate… venire.*
[148] Vergogna: come se Don Marzio possa metter soggezione!
[149] Con franchezza, come persona che si sente libera.
[150] Espressione di sapore popolaresco (dal gotico *suppa* = fetta di pane inzuppata, termine meno nobile di «minestra»).
[151] Tutti questi *complimenti* rispecchiano bene l'uso settecentesco, anche se non si può non criticarne l'affettazione (ma per Don Marzio si fa eccezione).

DON MAR. E per noi niente?

LIS. Per lei, particolarmente, niente affatto.

DON MAR. Siamo d'accordo. (Di questa sorta di roba[152] non mi degno). *(piano ad Eugenio)*

EUG. Via, andiamo, che la minestra patisce:[153] resti servita. *(a Lisaura)*

LIS. Con sua licenza. *(entra con Leandro nella bottega del giuoco)*

DON MAR. Ehi! Che roba! Non ho mai veduta la peggio.[154] *(ad Eugenio, col suo occhialetto, poi entra nella bisca)*

EUG. Né anche la volpe non voleva le ciriegie.[155] Io per altro mi degnerei. *(entra ancor esso)*[156]


SCENA DICIANNOVESIMA

RIDOLFO dalla bottega


Eccolo lì, pazzo più che mai. A tripudiare[157] con donne, e sua moglie sospira, e sua moglie patisce.[158] Povera donna! Quanto mi fa compassione.


[152] L'espressione è pesante, ma Don Marzio ha anche saputo dimostrarsi arguto rispondendo: *D'accordo* — come a dire che nemmeno a lui importa di lei.

[153] Si raffredda.

[154] Una donna peggiore di lei.

[155] Variante toscana per *ciliegie*. Si noti che è più comune la favola della volpe e dell'*uva*, ma il concetto è lo stesso.

[156] Anche lui.

[157] A divertirsi. Presso i Romani antichi il *tripudio* era una danza ritmica in cui si batteva per tre volte il piede per terra, ad indicare esultanza.

[158] È lì che aspetta e soffre, un po' come la minestra di qualche battuta prima.

## SCENA VENTESIMA

EUGENIO, DON MARZIO, LEANDRO e LISAURA negli stanzini della biscaccia,[159] aprono le tre finestre che sono sopra le tre botteghe, ove sta preparato il pranzo, e si fanno vedere dalle medesime.

RIDOLFO in istrada, poi TRAPPOLA

EUG. Oh che bell'aria! Oh che bel sole! Oggi non è niente freddo. *(alla finestra)*

DON MAR. Pare propriamente[160] di primavera. *(ad altra finestra)*

LEAN. Qui almeno si gode[161] la gente che passa. *(ad altra finestra)*

LIS. Dopo pranzo vedremo le maschere.[162] *(vicina a Leandro)*

EUG. A tavola, a tavola. *(siedono, restando Eugenio e Leandro vicini alla finestra)*

TRAPP. Signor padrone, che cos'è questo strepito? *(a Ridolfo)*

RID. Quel pazzo del signor Eugenio col signor don Marzio, ed il conte colla ballerina, che pranzano qui sopra nei camerini di messer Pandolfo.

TRAPP. Oh bella! *(vien fuori, guarda in alto)* Buon pro a lor signori. *(verso le finestre)*

EUG. *(Dalla finestra)* Trappola, evviva.

TRAPP. Evviva. Hanno bisogno d'aiuto?

EUG. Vuoi venire a dar da bere?

TRAPP. Darò da bere, se mi daranno da mangiare.[163]

EUG. Vieni, vieni, che mangerai.

---

[159] Peggiorativo di *bisca*, diffuso in area settentrionale, il cui corrispettivo toscano è *biscazza*.

[160] Davvero.

[161] Si prova piacere nel guardare (detto senza pensare ad un necessario riferimento a Don Marzio).

[162] Siamo infatti di *carnevale*.

[163] Battute strappariso della vecchia Commedia dell'Arte, che era solita presentare il servo arguto o scimunito ed affamato.

TRAPP. Signor padrone, con licenza. *(a Ridolfo. Va per entrare nella bisca, ed un Cameriere lo trattiene)*

CAM. Dove andate? *(a Trappola)*

TRAPP. A dar da bere ai miei padroni.

CAM. Non hanno bisogno di voi; ci siamo noi altri.

TRAPP. Mi è stato detto una volta, che oste in latino vuol dir nemico.[164] Osti veramente nemici del pover'uomo!

EUG. Trappola, vieni su.

TRAPP. Vengo. A tuo dispetto. *(al Cameriere, ed entra)*

CAM. Badate ai piatti, che non si attacchi sui nostri avanzi.[165] *(entra in locanda)*

RID. Io non so come si possa dare al mondo[166] gente di così poco giudizio! Il signor Eugenio vuole andare in rovina, si vuole precipitare per forza. A me, che ho fatto tanto per lui, che vede con che cuore, con che amore lo tratto, corrisponde[167] così? Mi burla, mi fa degli scherzi? Basta: quel che ho fatto, l'ho fatto per bene, e del bene non mi pentirò mai.

EUG. Signor don Marzio, evviva questa signora. *(forte, bevendo)*

TUTTI Evviva, evviva.


SCENA VENTUNESIMA

VITTORIA mascherata, e detti


VITT. *(Passeggia avanti la bottega del caffè, osservando se vi è suo marito)*

---

[164] Già si è visto Trappola alle prese col *latinorum* (Atto II scena 1ª): ma il latino dell'ignorante è balordo (qui si equivoca tra *hostis* = nemico ed *oste*).

[165] Si getti sugli *avanzi che spettano a noi*: in fondo i camerieri sono una variante di Trappola.

[166] Come possa esserci.

[167] Contraccambia. L'irregolarità del costrutto è dovuta alla concitazione di Ridolfo.

RID. Che c'è, signora maschera? che comanda?[168]

EUG. Vivano i buoni amici. *(bevendo)*

VITT. *(Sente la voce di suo marito, si avanza, guarda in alto, lo vede e smania)*[169]

EUG. Signora maschera, alla sua salute. *(col bicchiere di vino fuor della finestra, fa un brindisi a Vittoria, non conoscendola)*

VITT. *(Freme e dimena il capo)*

EUG. Comanda restar[170] servita? È padrona, qui siamo tutti galantuomini. *(a Vittoria, come sopra)*

LIS. Chi è questa maschera che volete invitare? *(dalla finestra)*

VITT. *(Smania)*


SCENA VENTIDUESIMA

CAMERIERI con altra portata vengono dalla locanda, ed entrano nella solita bottega; e detti


RID. E chi paga? Il gonzo.

EUG. Signora maschera, se non vuol venire, non importa. Qui abbiamo qualche cosa meglio di lei. *(a Vittoria, come sopra)*

VITT. Ohimè! mi sento male. Non posso più.[171]

RID. Signora maschera, si sente male? *(a Vittoria)*

VITT. Ah Ridolfo, aiutatemi per carità. *(si leva la maschera)*

RID. Ella è qui?

VITT. Son io, pur troppo.

RID. Beva un poco di rosolio.

VITT. No, datemi dell'acqua.

[168] Atteggiamento cortese dell'ex-servitore e del gestore, ma anche formula usuale veneziana.
[169] Dà in smanie, si agita tutta.
[170] Comanda *di* restar (il solito uso goldoniano delle preposizioni).
[171] Non posso più *reggermi*, non *ne* posso più.

RID. Eh, no acqua, vuol esser rosolio.[172] Quando gli spiriti[173] sono oppressi, vi vuol qualche cosa che li metta in moto. Favorisca, venga dentro.

VITT. Voglio andar su da quel cane; voglio ammazzarmi sugli[174] occhi suoi.

RID. Per amor del cielo, venga qui, s'acquieti.

EUG. Evviva quella bella giovinotta.[175] Cari quegli occhi! *(bevendo)*

VITT. Lo sentite il briccone? Lo sentite? Lasciatemi andare.

RID. Non sarà mai vero, che io la lasci precipitare. *(la trattiene)*

VITT. Non posso più. Aiuto, ch'io muoro.[176] *(cade svenuta)*

RID. Ora sto bene.[177] *(la va aiutando e sostenendo alla meglio)*


SCENA VENTITREESIMA

PLACIDA sulla porta della locanda, e detti


PLAC. Oh cielo! Dalla finestra mi parve sentire la voce di mio marito; s'egli fosse qui, sarei giunta bene in tempo a svergognarlo. *(esce il Cameriere dalla biscaccia)* Quel giovine,[178] ditemi in grazia, chi vi è lassù in quei camerini? *(al Cameriere che viene dalla biscaccia)*

---

[172] Altro che acqua, *ci vuole* del rosolio. Senonché il rosolio non ha una forte gradazione alcolica, comunque... meglio che niente.

[173] Spiriti *vitali*. Nella fisiologia antica gli spiriti erano il fluido che dal cuore e dal cervello raggiunge i vari organi assicurandone il funzionamento e la salute nonché causando sensazioni ed emozioni.

[174] Davanti.

[175] L'espressione suona alquanto volgare, come spesso accade nelle forme italiane in *-otto/a*.

[176] Variante arcaica per *muoio*.

[177] Adesso sì che sto bene, cioè *ci mancava anche questa*.

[178] Modo di apostrofare in uso nell'italiano antico.

CAM. Tre galantuomini. Uno il signor Eugenio, l'altro il signor don Marzio, napolitano, ed il terzo il signor conte Leandro Ardenti.

PLAC. (Fra questi non vi è Flaminio, quando[179] non si fosse cangiato nome). *(da sé)*

LEAN. Evviva la bella fortuna del signor Eugenio. *(bevendo)*

TUTTI Evviva.

PLAC. (Questi è mio marito senz'altro). *(da sé)* Caro galantuomo, fatemi un piacere, conducetemi su da questi signori, che voglio far loro una burla. *(al Cameriere)*

CAM. Sarà servita. (Solita carica[180] dei camerieri). *(da sé; l'introduce per la solita bottega del giuoco)*

RID. Animo, prenda coraggio, non sarà[181] niente. *(a Vittoria)*

VITT. Io mi sento morire. *(rinviene)*

*(Dalle finestre dei camerini si vedono alzarsi tutti da tavola in confusione, per la sorpresa di Leandro vedendo Placida, e perché mostra di volerla uccidere)*

EUG. No, fermatevi.

DON MAR. Non fate.[182]

LEAN. Levati di qui.

PLAC. Aiuto, aiuto.

*(Fugge via per la scala. Leandro vuol seguitarla[183] colla spada,[184] Eugenio lo trattiene)*

TRAPP. *(Con un tondino di roba in un tovagliuolo, salta da una finestra e fugge in bottega del caffè)*[185]

---

[179] A meno che.
[180] Ufficio.
[181] Dopo tutto non è niente.
[182] Non fate *così*.
[183] Inseguirla (arcaico e dialettale).
[184] Nel Settecento i gentiluomini portavano sempre la spada al fianco.
[185] Il salto, la piroetta e l'accentuato gestire, specialmente da parte dei servitori, fanno parte del repertorio della Commedia dell'Arte, che si fondava più sull'estemporanea bravura dei guitti che sulla intrinseca validità delle commedie. Non si dimentichi la funzione del *lazzo*, scenetta mimica diretta ad interrompere la monotonia del dialogo (dal latino *actio* = agire sulla scena).

PLAC. *(Esce dalla bisca correndo, e fugge nella locanda)*

EUG. *(Con arme*[186] *alla mano in difesa di Placida, contro Leandro che la inseguisce)*

DON MAR. *(Esce pian piano dalla biscaccia e fugge via, dicendo)* Rumores fuge.[187]

*(I camerieri dalla bisca passano nella locanda e serrano*[188] *la porta)*

VITT. *(Resta in bottega, assistita da Ridolfo)*

LEAN. Liberate il passo. Voglio entrare in quella locanda. *(colla spada alla mano, contro Eugenio)*

EUG. No, non sarà mai vero. Siete un barbaro contro la vostra moglie, ed io la difenderò sino all'ultimo sangue.[189]

LEAN. Giuro al cielo, ve ne pentirete. *(incalza Eugenio colla spada)*

EUG. Non ho paura di voi.

*(Incalza Leandro e l'obbliga rinculare tanto che, trovando la casa della ballerina aperta, entra in quella e si salva)*


## SCENA VENTIQUATTRESIMA
### EUGENIO, VITTORIA e RIDOLFO

EUG. Vile, codardo, fuggi? Ti nascondi? Vien fuori, se hai coraggio. *(bravando*[190] *verso la porta della ballerina)*

---

[186] Spada.

[187] La battuta di Don Marzio è comica per la molteplicità di significati del latino, che può voler dire «fuggi i rumori», ma anche «fuggi le chiacchiere» (detto da Don Marzio, poi!), o anche, con riguardo alla pronuncia e non alla grafia, «i rumori della fuga».

[188] Chiudono (dialettale).

[189] Frasi del vecchio repertorio melodrammatico.

[190] Facendo il *bravo*, lo spaccone. Nel sec. XVII i *bravi* erano gente disposta a tutto assoldata da un nobile: celebri quelli dei *Promessi sposi* (dal latino *pravus* = malvagio, incrociato con *barbarus*).

VITT. Se volete sangue, spargete il mio. *(si presenta ad Eugenio)*

EUG. Andate via di qui, donna pazza, donna senza cervello.

VITT. Non sarà mai vero ch'io mi stacchi viva da voi.

EUG. Corpo di bacco,[191] andate via, che farò qualche sproposito. *(minacciandola colla spada)*

RID. *(Con arme alla mano, corre in difesa di Vittoria, e si presenta contro Eugenio)*[192] Che pretende di fare, padron mio? Che pretende? Crede, per aver quella spada, di atterrir tutto il mondo? Questa povera donna innocente non ha nessuno che la difenda, ma finché avrò sangue, la difenderò io. Anche minacciarla? Dopo tanti strapazzi[193] che le ha fatti, anche minacciarla? Signora, venga con me e non abbia timor di niente. *(a Vittoria)*

VITT. No, caro Ridolfo; se mio marito vuol la mia morte, lasciate che si soddisfaccia.[194] Via, ammazzami, cane, assassino, traditore; ammazzami, disgraziato; uomo senza riputazione, senza cuore, senza coscienza.

EUG. *(Rimette la spada nel fodero senza parlare, mortificato)*

RID. Ah, signor Eugenio, vedo che già è pentito, ed io le domando perdono, se troppo temerariamente ho parlato. V.S. sa se le voglio bene, e sa cosa ho fatto per lei, onde anche questo mio trasporto[195] lo prenda per un effetto d'amore. Questa povera signora mi fa pietà. È possibile

---

[191] Esclamazione di sorpresa e dispetto (da *Bacco*, dio del vino), abbastanza comune in Goldoni.

[192] Che anche Ridolfo, un caffettiere, afferri la spada e faccia il paladino della bella perseguitata pare davvero eccessivo: in questa chiassata il tono della commedia sembra scadere.

[193] Maltrattamenti.

[194] Nel linguaggio cortese-cavalleresco la *soddisfazione* è la compensazione o riparazione adeguata di colpe commesse ò di danni arrecati. Ma qui l'espressione è usata alla rovescia, per sottolineare la barbarie dell'ingrato marito.

[195] Eccesso.

che le sue lagrime non inteneriscano il di lei cuore? *(ad Eugenio)*

EUG. *(Si asciuga gli occhi, e non parla)*

RID. Osservi, signora Vittoria, osservi il signor Eugenio. *(piano a Vittoria)* Piange, è intenerito, si pentirà, muterà vita, stia sicura che le vorrà bene.

VITT. Lagrime di coccodrillo.[196] Quante volte mi ha promesso di mutar vita! Quante volte colle lagrime agli occhi mi ha incantata![197] Non gli credo più; è un traditore, non gli credo più.

EUG. *(Freme tra il rossore e la rabbia. Getta il cappello in terra da disperato,[198] e senza parlare va nella bottega interna del caffè)*


## SCENA VENTICINQUESIMA
### VITTORIA e RIDOLFO

VITT. Che vuol dire che non parla? *(a Ridolfo)*

RID. È confuso.

VITT. Che si sia in un momento cambiato?

RID. Credo di sì. Le dirò; se tanto ella, che io, non facevamo altro che piangere e che pregare, si sarebbe sempre più imbestialito. Quel poco di muso duro[199] che abbiamo fatto, quel poco di bravata,[200] l'ha messo in soggezione, e l'ha fatto cambiare. Conosce il fallo, vorrebbe scusarsi, e non sa come fare.

VITT. Caro Ridolfo, andiamolo a consolare.

RID. Questa è una cosa che l'ha da fare V.S., senza di me.

[196] Dopo avere mangiato, il coccodrillo sembra versi lacrime per effetto della digestione.
[197] Anche oggi si dice: *non mi incanti.*
[198] *Con un gesto* da disperato.
[199] Espressione popolaresca, volgare ma efficace.
[200] Cfr. *Nota* 190.

VITT. Andate prima voi, sappiatemi dire come ho da contenermi.[201]

RID. Volentieri. Vado a vedere; ma lo spero pentito. *(entra in bottega)*


## SCENA VENTISEIESIMA
### VITTORIA, poi RIDOLFO

VITT. Questa è l'ultima volta che mi vede piangere. O si pente, e sarà il mio caro marito, o persiste,[202] e non sarò più buona a soffrirlo.[203]

RID. Signora Vittoria, cattive nuove; non vi è più! È andato via per la porticina.

VITT. Non ve l'ho detto ch'è perfido,[204] ch'è ostinato?

RID. Ed io credo che sia andato via per vergogna, pieno di confusione, per non aver coraggio di chiederle scusa, di domandarle perdono.

VITT. Eh, che da una moglie tenera, come son io, sa egli quanto facilmente può ottenere il perdono.

RID. Osservi.[205] È andato via senza il cappello.[206] *(prende il cappello in terra)*

VITT. Perché è un pazzo.

RID. Perché è confuso: non sa quel che si faccia.

VITT. Ma se è pentito, perché non dirmelo?

RID. Non ha coraggio.

VITT. Ridolfo, voi mi lusingate.

---

[201] Comportarmi (propriamente: *contenendo la collera, lo sdegno o altri sentimenti*).

[202] Insiste *nella sua scellerata condotta*.

[203] Capace di sopportarlo (*buono* per «capace» è uso dialettale).

[204] Quest'aggettivo è tipico delle amorose e del repertorio melodrammatico.

[205] Guardi.

[206] Questa constatazione, piuttosto banale, si può forse spiegare con le usanze del Settecento, civilissime ed affettate in fatto di moda.

RID. Faccia così; si ritiri nel mio camerino; lasci che io vada a ritrovarlo, e spero di condurglielo qui, come un cagnolino.

VITT. Quanto sarebbe meglio, che non ci pensassi più!

RID. Anche per questa volta faccia a modo mio, e spero non si pentirà.

VITT. Sì, così farò. Vi aspetterò nel camerino. Voglio poter dire che ho fatto tutto per un marito. Ma se egli se ne abusa, giuro di cambiare in altrettanto sdegno l'amore. *(entra nella bottega interna)*

RID. Se fosse un mio figlio, non avrei tanta pena.[207] *(parte)*

---

[207] Altre edd. settecentesche, come Bettinelli, Paperini ecc., aggiungono enfatizzando: «Sono stato allevato in casa sua, lo assisto per inclinazione, per gratitudine e per compassione».

# ATTO TERZO

## SCENA PRIMA
LEANDRO, scacciato di casa da LISAURA

LEAN. A me un simile trattamento?

LIS. *(Sulla porta)* Sì, a voi, falsario, impostore.

LEAN. Di che vi potete dolere[1] di me? D'aver abbandonata mia moglie per causa vostra?

LIS. Se avessi saputo ch'eravate ammogliato, non vi avrei ricevuto in mia casa.

LEAN. Non sono stato io il primo a venirvi.

LIS. Siete però stato l'ultimo.

## SCENA SECONDA
DON MARZIO, che osserva coll'occhialetto e ride fra sé;
e detti

LEAN. Non avete meco gettato il tempo.[2]

LIS. Sì, sono stata anch'io a parte de' vostri indegni profitti. Arrossisco in pensarlo; andate al diavolo e non vi accostate più a questa casa.

LEAN. Ci verrò a prendere la mia roba.

---

[1] Lamentare. Oggi il verbo *dolere* in questo senso suona arcaico e letterario.

[2] Cioè: avete avuto il vostro tornaconto.

DON MAR. *(Ride e burla di nascosto Leandro)*

LIS. La vostra roba vi sarà consegnata dalla mia serva. *(entra e chiude la porta)*

LEAN. A me un insulto di questa sorta? Me la pagherai.

DON MAR. *(Ride, e voltandosi Leandro, si compone in serietà)*

LEAN. Amico, avete veduto?

DON MAR. Che cosa? Vengo in questo punto.[3]

LEAN. Non avete veduto la ballerina sulla porta?

DON MAR. No certamente, non l'ho veduta.

LEAN. (Manco male). *(da sé)*

DON MAR. Venite qua; parlatemi da galantuomo, confidatevi con me; e state sicuro che i fatti vostri non si sapranno da chi che sia. Voi siete forestiere, come sono io, ma io ho più pratica del paese di voi. Se vi occorre protezione, assistenza, consiglio e sopra tutto secretezza, son qua io. Fate capitale[4] di me. Di cuore, con premura, da buon amico; senza che nessun sappia niente.

LEAN. Giacché con tanta bontà vi esibite di favorirmi aprirò a voi tutto il mio cuore, ma per amor del cielo, vi raccomando la segretezza.

DON MAR. Andiamo avanti.[5]

LEAN. Sappiate che la pellegrina è mia moglie.

DON MAR. Buono![6]

LEAN. Che l'ho abbandonata[7] in Torino.

DON MAR. (Oh che briccone!) *(da sé, guardandolo con l'occhialetto)*

LEAN. Sappiate ch'io non sono altrimenti[8] il conte Leandro.

DON MAR. (Meglio!) *(da sé, come sopra)*

LEAN. I miei natali non sono nobili.

---

[3] Istante, momento.

[4] Fidatevi.

[5] Battuta derivante dall'impazienza di Don Marzio.

[6] Ma bene, come dire: *questa sì che è bella*.

[7] *Sappiate* che l'ho abbandonata.

[8] Affatto.

DON MAR. Non sareste già figliuolo di qualche birro?[9]

LEAN. Mi maraviglio, signore, son nato povero, ma di gente onorata.[10]

DON MAR. Via, via: tirate avanti.

LEAN. Il mio esercizio[11] era di scritturale...[12]

DON MAR. Troppa fatica, non è egli vero?

LEAN. E desiderando vedere il mondo...

DON MAR. Alle spalle de' gonzi.

LEAN. Son venuto a Venezia...

DON MAR. A far il birbante.

LEAN. Ma voi mi strapazzate. Questa non è la maniera di trattare.

DON MAR. Sentite: io ho promesso proteggervi e lo farò; ho promesso segretezza e la osserverò; ma fra voi e me avete da permettermi che possa dirvi qualche cosa amorosamente.[13]

LEAN. Vedete il caso in cui mi ritrovo; se mia moglie mi scopre, sono esposto a[14] qualche disgrazia.

DON MAR. Che pensereste di fare?

LEAN. Si potrebbe vedere di far cacciar via di Venezia colei.

DON MAR. Via, via. Si vede che siete un briccone.

LEAN. Come parlate, signore?

DON MAR. Fra voi e me amorosamente.

LEAN. Dunque anderò via io; basta che colei non lo sappia.

DON MAR. Da me non lo saprà certamente.

LEAN. Mi consigliate ch'io parta?

---

[9] Sbirro, cioè, nell'italiano antico, «agente di polizia». Si sa che i *birri* erano l'altra faccia dei delinquenti che perseguivano, perciò esser figli di uno sbirro significava disonore. Si veda la battuta seguente di Leandro.

[10] Dunque Leandro non è un conte. Anche qui sembra di avvertire un'eco dell'ironia di Goldoni nei confronti dei nobili, se è vero che un poveraccio può mascherarsi da aristocratico ed esser creduto tale.

[11] Professione.

[12] Oggi diremmo *impiegatuccio*.

[13] Da amico.

[14] Non posso evitare.

DON MAR. Sì, questo è il miglior ripiego. Andate subito. Prendete una gondola; fatevi condurre a Fusina[15] prendete le poste[16] e andatevene a Ferrara.

LEAN. Anderò questa sera; già poco manca alla notte. Voglio prima levar le mie poche robe, che sono qui in casa della ballerina.

DON MAR. Fate presto e andate via subito. Non vi fate vedere.

LEAN. Uscirò per la porta di dietro, per non essere veduto.

DON MAR. (Lo diceva io; si serve per la porta[17] di dietro). *(da sé)*

LEAN. Sopra tutto vi raccomando la segretezza.

DON MAR. Di questa siete sicuro.

LEAN. Vi prego d'una grazia: datele questi due zecchini, poi mandatela via. Scrivetemi,[18] e torno subito. *(gli dà due zecchini)*

DON MAR. Le darò i due zecchini. Andate via.

LEAN. Ma assicuratevi che ella parta...

DON MAR. Andate, che siate maledetto.

LEAN. Mi scacciate?

DON MAR. Ve lo dico amorosamente per vostro bene: andate che il diavolo vi porti.

LEAN. (Oh che razza di uomo! Se strapazza gli amici, che farà poi coi nemici!) *(va in casa di Lisaura)*

DON MAR. Il signor conte! Briccone! Il signor conte! Se non si fosse raccomandato a me, gli farei romper l'ossa di bastonate.

---

[15] «Primo luogo in terraferma» [*N.d.A.*].
[16] Un tempo la *posta* era il servizio regolare di corriera e anche ciascuna tappa del viaggio. Le carrozze si fermavano infatti alla posta per cambiare i cavalli (da cui anche l'espressione *cavalli da posta*). Il nome deriva dal latino *posita* = luogo stabilito per le stazioni di tappa.
[17] Incrocio tra le due espressioni «si serve *della* porta» e «esce *per* la porta».
[18] Scrivetemi una ricevuta.

## SCENA TERZA
### PLACIDA dalla locanda, e detto

PLAC. Sì, nasca quel che può nascere,[19] voglio ritrovare quell'indegno di mio marito.

DON MAR. Pellegrina, come va?

PLAC. Voi, se non m'inganno, siete uno di quelli che erano alla tavola con mio marito.

DON MAR. Sì, son quello delle castagne secche.[20]

PLAC. Per carità, ditemi dove si trova quel traditore.

DON MAR. Io non lo so, e quando anco lo sapessi, non ve lo direi.

PLAC. Per che causa?

DON MAR. Perché, se lo trovate, farete peggio. Vi ammazzerà.

PLAC. Pazienza! Avrò terminato almeno di penare.

DON MAR. Eh, spropositi! bestialità! Ritornate a Torino.

PLAC. Senza mio marito?

DON MAR. Sì, senza vostro marito. Ormai che volete fare? È un briccone.

PLAC. Pazienza! Almeno vorrei vederlo.

DON MAR. Oh, non lo vedete più.

PLAC. Per carità, ditemi, se lo sapete: è egli forse partito?

DON MAR. È partito, e non è partito.

PLAC. Per quel che vedo, V.S. sa qualche cosa di mio marito.

DON MAR. Io? So e non so, ma non parlo.

PLAC. Signore, movetevi a compassione di me.

DON MAR. Andate a Torino e non pensate ad altro. Tenete, vi dono questi due zecchini.[21]

---

[19] Succeda quel che vuole succedere.
[20] Cfr. Atto II scena 2ª; continua a non intendersi il significato delle misteriose *castagne*.
[21] Don Marzio, oltre a tentennare nei suoi propositi di non parlare, si fa bello del denaro non suo!

PLAC. Il cielo vi rimeriti la vostra carità; ma non volete dirmi nulla di mio marito? Pazienza! Me ne anderò disperata. *(in atto di partire piangendo)*

DON MAR. (Povera donna!) *(da sé)* Ehi. *(la chiama)*

PLAC. Signore.

DON MAR. Vostro marito è qui in casa della ballerina, che prende la sua roba, e partirà per la porta di dietro. *(parte)*

PLAC. È in Venezia! Non è partito! È in casa della ballerina! Se avessi qualcheduno che mi assistesse,[22] vorrei di bel nuovo azzardarmi.[23] Ma così sola, temo di[24] qualche insulto.


## SCENA QUARTA
### RIDOLFO ed EUGENIO, e detta


RID. Eh via, cosa sono queste difficoltà? Siamo tutti uomini, tutti soggetti ad errare. Quando l'uomo si pente, la virtù del pentimento cancella tutto il demerito dei mancamenti.[25]

EUG. Tutto va bene, ma mia moglie non mi crederà più.

RID. Venga con me; lasci parlare a me.[26] La signora Vittoria le vuol bene; tutto si aggiusterà.

PLAC. Signor Eugenio.

RID. Il signor Eugenio si contenti di lasciarlo stare. Ha altro che fare, che badare a lei.

PLAC. Io non pretendo di sviarlo da' suoi interessi. Mi raccomando a tutti, nello stato miserabile in cui mi ritrovo.

[22] Aiutasse.
[23] Arrischiarmi (francesismo).
[24] Temo di *ricevere* (costrutto poco elegante).
[25] Ridolfo non sa fare a meno di sdottorare.
[26] Le solite ineleganze goldoniane: *lasci a me il parlare* ovvero *lasci parlare me*.

EUG. Credetemi, Ridolfo, che questa povera donna merita compassione; è onestissima; e suo marito è un briccone.

PLAC. Egli mi ha abbandonata in Torino. Lo ritrovo in Venezia, tenta uccidermi, ed ora è sulle mosse per fuggirmi nuovamente di mano.

RID. Sa ella dove egli sia?

PLAC. È qui in casa della ballerina, mette insieme le sue robe e fra poco se n'andrà.

RID. Se andrà via, lo vedrà.

PLAC. Partirà per la porta di dietro, ed io non lo vedrò; o se sarò scoperta, mi ucciderà.

RID. Chi ha detto che anderà via per la porta di dietro?

PLAC. Quel signore che si chiama don Marzio.

RID. La tromba[27] della comunità. Faccia così: si ritiri in bottega qui dal barbiere; stando lì, si vede la porticina segreta. Subito che lo vede uscire, mi avvisi, e lasci operare a me.

PLAC. In quella bottega non mi vorranno.

RID. Ora. Ehi, messer Agabito. *(chiama)*

SCENA QUINTA

Il GARZONE del barbiere dalla sua bottega, e detti

GARZ. Che volete, messer Ridolfo?

RID. Dite al vostro padrone che mi faccia il piacere di tener questa pellegrina in bottega per un poco, fino che venga io a ripigliarla.

GARZ. Volentieri. Venga, venga, padrona,[28] che impa-

---

[27] Come dire *il banditore*, ma il termine *tromba* è più forte e più comico.
[28] La solita deferenza settecentesca.

rerà a fare la barba. Benché, per pelare, la ne saprà più di noi altri barbieri.[29] *(rientra in bottega)*

PLAC. Tutto mi convien soffrire,[30] per causa di quell'indegno. Povere donne! È meglio affogarsi, che maritarsi così. *(entra dal barbiere)*


## SCENA SESTA
### RIDOLFO ed EUGENIO

RID. Se posso, voglio vedere di far del bene anche a questa povera diavola. E nello stesso tempo, facendola partire[31] con suo marito, la signora Vittoria non avrà più di lei gelosia. Già mi ha detto qualche cosa della pellegrina.

EUG. Voi siete un uomo di buon cuore. In caso di bisogno, troverete cento amici che s'impiegheranno[32] per voi.

RID. Prego il cielo di non aver bisogno di nessuno. In tal caso non so che cosa potessi sperare. Al mondo vi è dell'ingratitudine assai.

EUG. Di me potrete disporre[33] fin ch'io viva.

RID. La ringrazio infinitamente. Ma badiamo a noi. Che pensa ella di fare? Vuol andar in camerino da sua moglie, o vuol farla venire in bottega? Vuol andar solo? Vuole che venga anch'io? Comandi.

EUG. In bottega non istà bene; se venite anche voi, avrà soggezione. Se vado solo, mi vorrà cavare gli occhi... Non importa ch'ella si sfoghi, che poi la collera passerà. Anderò solo.

RID. Vada pure, col nome[34] del cielo.

---

[29] Battuta cattiva e volgare: si allude alla capacità di *pelar denaro agli uomini* tipica delle avventuriere.
[30] Ne devo *sopportare* di cotte e di crude.
[31] Se la faremo partire.
[32] Si faranno in cento.
[33] Potrete fare affidamento su di me.
[34] In nome.

EUG. Se bisogna, vi chiamerò.

RID. Si ricordi che io non servo per testimonio.[35]

EUG. Oh, che caro Ridolfo! Vado. *(in atto d'incamminarsi)*

RID. Via, bravo.

EUG. Che cosa credete che abbia da essere?[36]

RID. Bene.

EUG. Pianti o graffiature?

RID. Un poco di tutto.

EUG. E poi?

RID. «Ognun dal canto suo cura si prenda».[37]

EUG. Se non chiamo, non venite.

RID. Già ci s'intende.

EUG. Vi racconterò tutto.

RID. Via, andate.

EUG. (Grand'uomo[38] è Ridolfo! Gran buon amico!)
*(entra nella bottega interna)*


SCENA SETTIMA

RIDOLFO, poi TRAPPOLA e Giovani


RID. Marito e moglie? Li lascio stare quanto voglio-no.[39] Ehi, Trappola, giovani, dove siete?

TRAPP. Son qui.

RID. Badate alla bottega, che io vado qui dal barbiere. Se il signor Eugenio mi vuole, chiamatemi, che vengo subito.


[35] Lo stesso che *non porto il moccolo.*
[36] Che succederà. Ma l'espressione goldoniana sembra implicare una ineluttabile necessità (*aver da essere* = «dover essere»).
[37] *Endecasillabo* proverbiale.
[38] Brav'uomo: ma Eugenio riconosce la sua superiorità morale, e per questo lo chiama *grande.*
[39] Riecheggiamento del proverbiale *tra moglie e marito...*

TRAPP. Posso andar io a far compagnia al signor Eugenio?

RID. Signor no, non avete da andare, e badate bene che
là dentro non vi vada nessuno.

TRAPP. Ma perché?

RID. Perché no.

TRAPP. Anderò a veder se vuol niente.

RID. Non andar, se non chiama. (Voglio intendere un
po' meglio dalla pellegrina, come va questo suo negozio, e
se posso, voglio vedere d'accomodarlo). *(entra dal barbiere)*


SCENA OTTAVA

TRAPPOLA, poi DON MARZIO


TRAPP. Appunto, perché mi ha detto che non vi vada,
son curioso d'andarvi.

DON MAR. Trappola, hai avuto paura?[40]

TRAPP. Un poco.

DON MAR. Si è più veduto il signor Eugenio?

TRAPP. Sì signore, si è veduto; anzi è lì dentro. Ma...
zitto.

DON MAR. Dove?

TRAPP. Zitto; nel camerino.

DON MAR. Che vi fa? Giuoca?

TRAPP. Signor sì, giuoca. *(ridendo)*

DON MAR. Con chi?

TRAPP. Con sua moglie. *(sotto voce)*

DON MAR. Vi è sua moglie?

TRAPP. Vi è: ma zitto.

DON MAR. Voglio andarlo a ritrovare.

TRAPP. Non si può.

[40] Allusione al salto dalla finestra ed al trambusto generale.

DON MAR. Perché?

TRAPP. Il padrone non vuole.

DON MAR. Eh via, buffone. *(vuol andare)*

TRAPP. Le dico che non si va. *(lo ferma)*

DON MAR. Ti dico che voglio andare. *(come sopra)*

TRAPP. Ed io dico che non anderà. *(come sopra)*

DON MAR. Ti caricherò di bastonate.


## SCENA NONA
RIDOLFO dalla bottega del barbiere, e detti


RID. Che c'è?

TRAPP. Vuol andar per forza a giuocar in terzo col matrimonio.[41]

RID. Si contenti, signore, che là dentro non vi si va.

DON MAR. Ed io ci voglio andare.

RID. In bottega mia comando io, e non vi anderà. Porti rispetto, se non vuol che ricorra.[42] E voi, finché torno, là dentro non lasciate entrar chichessia. *(a Trappola ed altri garzoni; poi batte alla casa della ballerina, ed entra)*


## SCENA DECIMA
DON MARZIO, TRAPPOLA e Garzoni; poi PANDOLFO


TRAPP. Ha sentito? Al matrimonio si porta rispetto.

DON MAR. (A un par mio? Non vi anderà?... Porti rispetto?... A un par mio? E sto cheto? E non parlo? E non lo bastono? Briccone! Villanaccio! A me? A me?) *(da sé, sempre passeggiando)* Caffè. *(siede)*

TRAPP. Subito. *(va a prendere il caffè, e glielo porta)*

---

[41] A mettere il dito tra moglie e marito.
[42] Ricorra alle *maniere forti:* Ridolfo aveva già sguainato la spada!

PAND. Illustrissimo, ho bisogno della sua protezione.

DON MAR. Che c'è, biscacciere?[43]

PAND. C'è del male.

DON MAR. Che male c'è? Confidami, che t'aiuterò.

PAND. Sappia, signore, che ci sono dei maligni invidiosi, che non vorrebbero veder bene[44] ai poveri uomini. Vedono che io m'ingegno onoratamente per mantenere con decoro la mia famiglia, e questi bricconi mi hanno dato una querela di baro di carte.[45]

DON MAR. Bricconi! Un galantuomo della tua sorta! Come l'hai saputo? *(ironico)*

PAND. Me l'ha detto un amico. Mi confido però[46] che non hanno prove, perché nella mia bottega praticano tutti galantuomini, e niuno[47] può dir male di me.

DON MAR. Oh, s'io avessi da esaminarmi[48] contro di te, ne so delle belle della tua abilità.

PAND. Caro illustrissimo, per amor del cielo, la[49] non mi rovini; mi raccomando alla sua carità, alla sua protezione, per le mie povere creature.

DON MAR. Via, sì, t'assisterò, ti proteggerò. Lascia fare a me. Ma bada bene. Carte segnate[50] ne hai in bottega?

PAND. Io non le segno... Ma qualche giuocatore si diletta...

DON MAR. Presto, abbruciale[51] subito. Io non parlo.

PAND. Ho paura non aver tempo per abbruciarle.

DON MAR. Nascondile.

PAND. Vado in bottega e le nascondo subito.

DON MAR. Dove le vuoi nascondere?

[43] Lo stesso che biscazziere.
[44] Il bene *che capita* ai poveri uomini.
[45] Hanno sporto querela accusandomi di barare al gioco.
[46] Sto sicuro per il fatto che. Ma c'è chi legge anche: *Mi confidò (l'amico) che..*
[47] Nessuno (forma letteraria ed arcaica).
[48] Testimoniare.
[49] Il solito toscanismo o venezianismo.
[50] *Con un segno*, cioè truccate.
[51] Bruciale (forma arcaica).

PAND. Ho un luogo segreto sotto le travature, che né anche il diavolo le ritrova. *(entra in bottega del giuoco)*

DON MAR. Va, che sei un gran furbo!


## SCENA UNDICESIMA

DON MARZIO, poi un CAPO DI BIRRI mascherato
ed altri Birri nascosti; poi TRAPPOLA


DON MAR. Costui è alla vigilia della galera. Se trova alcuno che scopra la metà delle sue briccconate, lo pigliano prigione[52] immediatamente.

CAP. Girate qui d'intorno, e quando chiamo, venite. *(ai Birri sulla cantonata della strada, i quali si ritirano)*

DON MAR. (Carte segnate! Oh che ladri!) *(da sé)*

CAP. Caffè. *(siede)*

TRAPP. La servo. *(va per il[53] caffè, e lo porta)*

CAP. Abbiamo delle belle giornate.

DON MAR. Il tempo non vuol durare.

CAP. Pazienza. Godiamolo finché è buono.

DON MAR. Lo goderemo per poco.

CAP. Quando è mal tempo, si va in un casino[54] e si giuoca.

DON MAR. Basta andare in luoghi dove non rubino.

CAP. Qui, questa bottega vicina mi pare onorata.

DON MAR. Onorata? È un ridotto[55] di ladri.

CAP. Mi pare sia messer Pandolfo il padrone.

DON MAR. Egli per l'appunto.

cap. Per dir il vero, ho sentito dire che sia un giuocator di vantaggio.[56]

[52] Lo prendono *prigioniero*, lo arrestano.
[53] A prendere il caffè. Forma usuale dell'italiano antico sopravvissuta nella locuzione *andar per funghi* (mentre altre, come *andar per acqua* e simili, sono avvertite come letterarie).
[54] Bisca.
[55] Luogo in cui si riuniscono.
[56] Superiore agli altri.

DON MAR. È un baro solennissimo.

CAP. Ha forse truffato ancora a[57] lei?

DON MAR. A me no, che non son gonzo. Ma quanti capitano, tutti li tira al trabocchetto.

CAP. Bisogna ch'egli abbia qualche timore, che[58] non si vede.

DON MAR. È dentro in bottega, che nasconde le carte.

CAP. Perché mai nasconde le carte?

DON MAR. M'immagino, perché sieno fatturate.[59]

CAP. Certamente. E dove le nasconderà?

DON MAR. Volete ridere? Le nasconde in un ripostiglio sotto le travature.

CAP. (Ho rilevato tanto che basta). *(da sé)*

DON MAR. Voi, signore, vi dilettate di giuocare?

CAP. Qualche volta.

DON MAR. Non mi par di conoscervi.

CAP. Or ora mi conoscerete. *(s'alza)*

DON MAR. Andate via?

CAP. Ora torno.

TRAPP. Ehi! Signore, il caffè.[60] *(al Capo)*

CAP. Or ora lo pagherò.

*(Si accosta alla strada e fischia.[61] I Birri entrano in bottega di Pandolfo)*


## SCENA DODICESIMA
### DON MARZIO E TRAPPOLA


DON MAR. *(S'alza e osserva attentamente, senza parlare)*

TRAPP. *(Anch'egli osserva attentamente)*

DON MAR. Trappola...

[57]· *Anche* lei. Si noti il pleonasmo di *a lei.*
[58] Per il fatto, giacché.
[59] Segnate, truccate.
[60] Trappola teme che non lo paghino.
[61] C'è un che di canagliesco in questo fischiare del capo dei birri.

TRAPP. Signor don Marzio…

DON MAR. Chi sono coloro?

TRAPP. Mi pare l'onorata famiglia.[62]


## SCENA TREDICESIMA
### PANDOLFO legato, Birri e detti

PAND. Signor don Marzio, gli[63] sono obbligato.

DON MAR. A me? Non so nulla.

PAND. Io andrò forse in galera, ma la sua lingua merita la berlina.[64] *(va via coi Birri)*

CAP. Sì signore, l'ho trovato che nascondeva le carte.[65] *(a don Marzio, e parte)*

TRAPP. Voglio andargli dietro, per veder dove va. *(parte)*


## SCENA QUATTORDICESIMA
### DON MARZIO solo

Oh diavolo, diavolo! Che ho io fatto? Colui che io credeva un signore di conto,[66] era un birro travestito. Mi ha tradito, mi ha ingannato. Io son di buon cuore; dico tutto con facilità.

---

[62] «Detto per ironia, si dice dei birri» [*N.d.A.*].

[63] Le (il solito uso oscillante dei pronomi).

[64] Di esser *messa alla berlina*. La *berlina* era una pena d'origine barbarica consistente nell'esporre il condannato al pubblico ponendolo su un palco, eventualmente con un cartello che indicasse la colpa commessa (dal longobardo *bredel* = asse).

[65] Dalla battuta del capo dei birri Trappola capisce che è stato Don Marzio a fare la spia.

[66] Di buona reputazione, dabbene (cfr. «*Esser in conto* vale Esser pregiato», Tommaseo).

## SCENA QUINDICESIMA

### RIDOLFO e LEANDRO di casa della ballerina, e detto

RID. Bravo; così mi piace; chi intende la ragione, fa conoscere che è uomo di garbo; finalmente[67] in questo mondo non abbiamo altro che il buon nome, la fama, la riputazione. *(a Leandro)*

LEAN. Ecco lì quello che mi ha consigliato a[68] partire.

RID. Bravo, signor don Marzio; ella dà di questi buoni consigli? Invece di procurare di unirlo con la moglie, lo persuade abbandonarla e andar via?

DON MAR. Unirsi con sua moglie? È impossibile, non la vuole con lui.

RID. Per me è stato possibile; io con quattro parole l'ho persuaso. Tornerà con la moglie.

LEAN. (Per forza, per non esser precipitato).[69] *(da sé)*

RID. Andiamo a ritrovar la signora Placida, che è qui dal barbiere.

DON MAR. Andate a ritrovare quella buona razza[70] di vostra moglie.

LEAN. Signor don Marzio, vi dico in confidenza tra voi e me, che siete una gran lingua cattiva. *(entra dal barbiere con Ridolfo)*


## SCENA SEDICESIMA

### DON MARZIO, poi RIDOLFO

DON MAR. Si lamentano della mia lingua, e a me pare di parlar bene. È vero che qualche volta dico di questo e di quello, ma credendo dire la verità,[71] non me ne astengo.

---

[67] Dopo tutto, infine.
[68] Di.
[69] Rovinato.
[70] Evidentemente Don Marzio pensa alla *pellegrina*.
[71] Vichianamente: *fingit simulque credit.*

Dico facilmente quello che so; ma lo faccio, perché son di buon cuore.

RID. *(Dalla bottega del barbiere)* Anche questa è accomodata. Se dice davvero, è pentito. Se finge, sarà peggio per lui.

DON MAR. Gran Ridolfo! Voi siete quello che unisce i matrimoni.

RID. E ella è quello che cerca di disunirli.

DON MAR. Io ho fatto per far bene.

RID. Chi pensa male, non può mai sperar di far bene. Non s'ha mai da lusingarsi, che da una cosa cattiva ne possa derivare una buona. Separare il marito dalla moglie, è un'opera contro tutte le leggi, e non si possono sperare che disordini e pregiudizi.

DON MAR. Sei un gran dottore! [72] *(con disprezzo)*

RID. Ella intende [73] più di me; ma mi perdoni, la mia lingua si regola meglio della sua.

DON MAR. Tu parli da temerario.

RID. Mi compatisca, se vuole; e se non vuole, mi levi la sua protezione.

DON MAR. Te la leverò, te la leverò. Non ci verrò più a questa tua bottega.

RID. (Oh il ciel lo volesse!) *(da sé)*


SCENA DICIASSETTESIMA

Un GARZONE della bottega del caffè, e detti


GARZ. Signor padrone, il signor Eugenio vi chiama. *(si ritira)*

RID. Vengo subito; con sua licenza. *(a don Marzio)*

[72] Don Marzio rimprovera a Ridolfo gli sdottoramenti: questa volta ha ragione!
[73] Ha senno.

DON MAR. Riverisco il signor politico.[74] Che cosa guadagnate in questi vostri maneggi?

RID. Guadagno il merito di far del bene; guadagno l'amicizia delle persone; guadagno qualche marca[75] d'onore, che stimo sopra tutte le cose del mondo. *(entra in bottega)*

DON MAR. Che pazzo! Che idee da ministro, da uomo di conto! Un caffettiere fa l'uomo di maneggio![76] E quanto s'affatica! E quanto tempo vi mette! Tutte cose ch'io le avrei accomodate in un quarto d'ora.


### SCENA DICIOTTESIMA
RIDOLFO, EUGENIO, VITTORIA dal caffè, e DON MARZIO


DON MAR. (Ecco i tre pazzi. Il pazzo discolo, la pazza gelosa e il pazzo glorioso). *(da sé)*

RID. In verità, provo una consolazione infinita. *(a Vittoria)*

VITT. Caro Ridolfo, riconosco da voi la pace, la quiete, e posso dire la vita.

EUG. Credete, amico, ch'io era stufo[77] di far questa vita, ma non sapeva[78] come fare a distaccarmi dai vizi. Voi, siate benedetto, m'avete aperto gli occhi, e un poco coi vostri consigli, un poco coi vostri rimproveri, un poco colle buone grazie, e un poco coi benefizi, mi avete illuminato, mi avete fatto arrossire: sono un altr'uomo, e spero che sia durabile[79] il mio cambiamento, a nostra consola-

---

[74] Infatti, secondo Don Marzio, Ridolfo usa *maneggi* come i politici (vedasi a fine battuta).

[75] Segno (francesismo).

[76] Cioè fa il *ministro* e l'*uomo di conto*, lui, un caffettiere.

[77] Tipico del linguaggio parlato, ma invano si cercherebbe il purismo in Goldoni.

[78] Al solito la forma in -*a* della 1ª pers. sing. dell'imperf. indicativo (lat. -*abam*).

[79] Durevole (arcaico).

zione, a gloria vostra, e ad esempio degli uomini savi, oṅorati e dabbene, come voi siete.

RID. Dice troppo, signore; io non merito tanto.

VITT. Sino ch'io sarò viva, mi ricorderò sempre del bene che mi avete fatto. Mi avete restituito il mio caro consorte[80] l'unica cosa che ho di bene in questo mondo. Mi ha[81] costato tante lagrime il prenderlo, tante me ne ha costato il perderlo, e molte me ne costa il riacquistarlo; ma queste sono lagrime di dolcezza, lagrime d'amore e di tenerezza, che m'empiono l'anima di diletto, che mi fanno scordare ogni affanno passato, rendendo grazie al cielo e lode alla vostra pietà.[82]

RID. Mi fa piangere dalla consolazione.

DON MAR. (Oh pazzi maledetti!) *(guardando sempre con l'occhialetto)*

EUG. Volete che andiamo a casa?

VITT. Mi dispiace ch'io sono ancora tutta lagrime, arruffata e scomposta. Vi sarà mia madre e qualche altra mia parente ad aspettarmi; non vorrei che mi vedessero col pianto agli occhi.

EUG. Via, acchetatevi; aspettiamo un poco.

VITT. Ridolfo, non avete uno specchio? Vorrei un poco vedere come sto.

DON MAR. (Suo marito le avrà guastato il tuppè).[83] *(da sé, coll'occhialetto)*

RID. Se si vuol guardar nello specchio, andiamo qui sopra nei camerini del giuoco.

EUG. No, là dentro non vi metto più piede.

RID. Non sa la nuova? Pandolfo è ito[84] prigione.

---

[80] Più forte che «marito»: *colui che dividerà la sorte con me*.

[81] È: l'uso degli ausiliari non corrisponde sempre al nostro in Goldoni e negli autori settecenteschi in genere.

[82] Il solito... *melodramma!*

[83] Dal francese *toupet*, cioè «ciuffo». Nei secc. XVIII e XIX designava una parrucca e una pettinatura alta e stretta. Qui, al solito, don Marzio fa il maldicente.

[84] Andato (forma arcaica e letteraria).

EUG. Sì? Se lo merita. Briccone! Me ne ha mangiati tanti.[85]

VITT. Andiamo, caro consorte.

EUG. Quando[86] non vi è nessuno, andiamo.

VITT. Così arruffata, non mi posso vedere. *(entra nella bottega del giuoco, con allegria)*

EUG. Poverina! Giubila dalla consolazione![87] *(entra, come sopra)*

RID. Vengo ancor io a servirli. *(entra, come sopra)*


## SCENA DICIANNOVESIMA
### DON MARZIO, poi LEANDRO e PLACIDA


DON MAR. Io so perché Eugenio è tornato in pace con sua moglie. Egli è fallito, e non ha più da vivere. La moglie è giovane e bella... Non l'ha pensata male, e Ridolfo gli farà il mezzano.[88]

LEAN. Andiamo dunque alla locanda, a prendere il vostro piccolo bagaglio. *(uscendo dal barbiere)*

PLAC. Caro marito, avete avuto tanto cuore di abbandonarmi?

LEAN. Via, non ne parliamo più. Vi prometto di cambiar vita.

PLAC. Lo voglia il cielo. *(s'avvicinano alla locanda)*

DON MAR. Servo di vossustrissima,[89] signor conte. *(a Leandro, burlandolo)*

LEAN. Riverisco il signor protettore, il signor buona lingua.

DON MAR. M'inchino alla signora contessa. *(a Placida, deridendola)*

---

[85] Evidentemente: *quattrini* altrui.
[86] Poiché, dal momento che.
[87] Contentezza.
[88] La volgarità di Don Marzio non conosce limiti.
[89] Strappariso per *Vostra Signoria Illustrissima*.

PLAC. Serva, signor cavaliere delle castagne secche. *(entra in locanda con Leandro)*

DON MAR. Anderanno tutti e due in pellegrinaggio a battere la birba.[90] Tutta la loro entrata[91] consiste in un mazzo di carte.


SCENA VENTESIMA

LISAURA alla finestra, e DON MARZIO


LIS. La pellegrina è tornata alla locanda con quel disgraziato di Leandro. S'ella ci sta troppo, me ne vado assolutamente di questa casa. Non posso tollerare la vista né di lui, né di lei.

DON MAR. Schiavo, signora ballerina. *(coll'occhialetto)*

LIS. La riverisco. *(bruscamente)*

DON MAR. Che cosa avete? Mi parete alterata.

LIS. Mi maraviglio del locandiere, che tenga nella sua locanda simil sorta di gente.

DON MAR. Di chi intende parlare?

LIS. Parlo di quella pellegrina, la quale è una donna di mal affare e in questi contorni[92] non ci sono mai state di queste porcherie.


SCENA VENTUNESIMA

PLACIDA dalla finestra della locanda, e detti


PLAC. Eh, signorina, come parlate de' fatti miei? Io sono una donna onorata. Non so se così si possa dire di voi.

---

[90] A vivere truffando il prossimo (*birba* dal francese *bribe* = pane per i mendicanti).
[91] Tutti i loro guadagni.
[92] Luoghi.

LIS. Se foste una donna onorata, non andreste pel mondo birboneggiando.[93]

DON MAR. *(Ascolta e osserva di qua e di là coll'occhialetto, e ride)*

PLAC. Sono venuta in traccia[94] di mio marito.

LIS. Sì, e l'anno passato in traccia di chi eravate?

PLAC. Io a Venezia non ci sono più[95] stata.

LIS. Siete una bugiarda. L'anno passato avete fatta una trista[96] figura in questa città. *(don Marzio osserva e ride, come sopra)*

PLAC. Chi v'ha detto questo?

LIS. Eccolo lì; il signor don Marzio me l'ha detto.

DON MAR. Io non ho detto nulla.

PLAC. Egli non può aver detto una tal bugia; ma di voi sì mi ha narrata la vita e i bei costumi. Mi ha egli informata dell'esser vostro, e che ricevete le genti[97] di nascosto, per la porta di dietro.

DON MAR. Io non l'ho detto. *(sempre coll'occhialetto di qua e di là)*

PLAC. Sì che l'avete detto.

LIS. È possibile che il signor don Marzio abbia detto di me una simile iniquità?

DON MAR. Vi dico che non l'ho detto.


SCENA VENTIDUESIMA

EUGENIO alla finestra de' camerini, poi RIDOLFO da altra simile, poi VITTORIA dall'altra, aprendole di mano in mano; e detti a' loro luoghi


EUG. Sì che l'ha detto, e l'ha detto anche a me, e

[93] A fare la *birba*.
[94] Sulle tracce.
[95] Mai.
[96] Magra.
[97] La gente (forma arcaica).

dell'una e dell'altra. Della pellegrina, che è stata l'anno passato a Venezia a birboneggiare, e della signora ballerina, che riceve le visite per la porta di dietro.

DON MAR. Io l'ho sentito dir da Ridolfo.

RID. Io non son capace di dir queste cose. Abbiamo anzi altercato per questo. Io sosteneva l'onore della signora Lisaura, e V.S. voleva che fosse una donna cattiva.

LIS. Oh disgraziato!

DON MAR. Sei un bugiardo.

VITT. A me ancora ha detto che mio marito teneva pratica[98] colla ballerina e colla pellegrina; e me le ha dipinte[99] per due scelleratissime femmine.

PLAC. Ah scellerato!

LIS. Ah maledetto!


SCENA VENTITREESIMA
LEANDRO sulla porta della locanda, e detti


LEAN. Signor sì, signor sì, V.S. ha fatto nascere mille disordini;[100] ha levata la riputazione colla sua lingua a due donne onorate.

DON MAR. Anche la ballerina onorata?

LIS. Tale mi vanto di essere. L'amicizia col signor Leandro non era che diretta a sposarlo, non sapendo che egli avesse altra moglie.

PLAC. La moglie l'ha, e sono io quella.

LEAN. E se avessi abbadato[101] al signor don Marzio, l'avrei nuovamente sfuggita.

PLAC. Indegno!

LIS. Impostore!

[98] Frequentava.
[99] Anche noi diciamo: *ne ha fatto un ritratto*.
[100] Malintesi che hanno provocato *disarmonia*.
[101] Dato retta.

VITT. Maldicente!

EUG. Ciarlone!

DON MAR. A me questo? A me, che sono l'uomo più onorato del mondo?

RID. Per essere onorato non basta non rubare, ma bisogna anche trattar bene.[102]

DON MAR. Io non ho mai commessa una mala azione.

## SCENA VENTIQUATTRESIMA
### TRAPPOLA e detti

TRAPP. Il signor don Marzio l'ha fatta bella.

RID. Che ha fatto?

TRAPP. Ha fatto la spia a messer Pandolfo; l'hanno legato, e si dice che domani lo frusteranno.[103]

RID. È uno spione! Via dalla mia bottega. *(parte dalla finestra)*

## SCENA VENTICINQUESIMA
### Il GARZONE del barbiere, e detti

Signore spione, non venga più a farsi fare la barba nella nostra bottega. *(entra nella sua bottega)*

## SCENA ULTIMA
### Il CAMERIERE della locanda, e detti

CAM. Signora spia, non venga più a far desinari alla nostra locanda. *(entra nella locanda)*

LEAN. Signor protettore, tra voi e me in confidenza: far

---

[102] Comportarsi bene nei confronti degli altri.
[103] Non meravigli la primitività delle pene settecentesche.

la spia è azion da briccone. *(entra nella locanda)*

PLAC. Altro che castagne secche! Signor soffione.[104] *(parte dalla finestra)*

LIS. Alla berlina, alla berlina. *(parte dalla finestra)*

VITT. O che caro signor don Marzio! Quei dieci zecchini, che ha prestati a mio marito, saranno stati una paga di esploratore.[105] *(parte dalla finestra)*

EUG. Riverisco il signor confidente.[106] *(parte dalla finestra)*

TRAPP. Io fo riverenza al signor referendario.[107] *(entra in bottega)*

DON MAR. Sono stordito, sono avvilito, non so in qual mondo mi sia. Spione a me? A me spione? Per avere svelato accidentalmente[108] il reo costume di Pandolfo, sarò imputato di spione? Io non conosceva il birro, non prevedeva l'inganno, non sono reo di questo infame delitto. Eppur tutti m'insultano, tutti mi vilipendono, niuno mi vuole, ognuno mi scaccia. Ah sì, hanno ragione; la mia lingua, o presto o tardi, mi doveva condurre a qualche gran precipizio. Ella mi ha acquistata l'infamia,[109] che è il peggiore de' mali. Qui non serve il giustificarmi. Ho perduto il credito e non lo riacquisto mai più. Anderò via di[110] questa città; partirò a mio dispetto, e per causa della mia trista lingua, mi priverò d'un paese in cui tutti vivono bene, tutti godono la libertà, la pace, il divertimento, quando sanno essere prudenti, cauti ed onorati.[111] *(parte)*

---

[104] Lo stesso che *spia* (cfr. *soffiata* = delazione).

[105] Ancora lo stesso che spia: gli esploratori erano coloro che venivano mandati ad «esplorare», cioè «spiare» le mosse dell'esercito nemico (termine militare).

[106] Ancora lo stesso che spia.

[107] *Referendario* è colui che deve riferire su un dato argomento, quindi, qui, ancora nel senso di spia.

[108] Per caso.

[109] La cattiva fama.

[110] Da.

[111] È un po' l'elogio di Venezia, all'insegna della *politesse* settecentesca.

# SOMMARIO

Finito di stampare nel mese di aprile 1984
dalla Rizzoli Editore - Via A. Rizzoli, 2 - 20132 Milano
Printed in Italy

# ANNOTAZIONI

# ANNOTAZIONI

# ANNOTAZIONI

# TEATRO

sono apparsi nella BUR

Vittorio Alfieri
SAUL — FILIPPO

AGAMENNONE —
MIRRA

Aristofane
LISISTRATA
LA FESTA DELLE
DONNE
*testo greco a fronte*

Giordano Bruno
CANDELAIO

Anton Cechov
IL GIARDINO DEI
CILIEGI

Eschilo
ORESTEA
(Agamennone,
Coefore, Eumenidi)
*testo greco a fronte*

Euripide
MEDEA - TROIANE
BACCANTI
*testo greco a fronte*

John Gay
L'OPERA DEL
MENDICANTE

Heinrich von Kleist
IL PRINCIPE DI
HOMBURG
*testo tedesco a
fronte*

Mario Luzi
LIBRO DI IPAZIA
ROSALES

Niccolò Machiavelli
LA MANDRAGOLA

Alessandro Manzoni
ADELCHI

Molière
IL MALATO
IMMAGINARIO
IL TARTUFO,
OVVERO
L'IMPOSTORE
LA SCUOLA DELLE
MOGLI
DON GIOVANNI
SGANARELLO
OVVERO IL
CORNUTO
IMMAGINARIO
L'AVARO
IL MISANTROPO
LE PREZIOSE
RIDICOLE
IL BORGHESE
GENTILUOMO
*tutti con testo
francese a fronte*

Plauto
IL SOLDATO
FANFARONE
LA CASA DEL
FANTASMA
PSEUDOLO
I MENECMI
*testo latino a fronte*

William Shakespeare
LA TEMPESTA
LE ALLEGRE COMARI
DI WINDSOR